EinFach Deutsch

Unterrichtsmodell

Henning Mankell

Der Chronist der Winde

erarbeitet von Melanie Prenting

herausgegeben von Johannes Diekhans

Best.-Nr. 022359 5

Schöningh

Arbeitsfrage

Einzelarbeit

Partnerarbeit

Gruppenarbeit

Unterrichtsgespräch

Schreibauftrag

Szenisches Spiel

Mal- und Zeichenauftrag

Bastelauftrag

Projektorientierung, offenes Unterrichtsangebot

Vorwort

Der vorliegende Band ist Teil einer Reihe, die Lehrerinnen und Lehrern erprobte und an den Bedürfnissen der Schulpraxis orientierte Unterrichtsmodelle zu ausgewählten Ganzschriften und weiteren relevanten Themen des Faches Deutsch bietet.
Im Mittelpunkt der Modelle stehen Bausteine, die jeweils thematische Schwerpunkte mit entsprechenden Untergliederungen beinhalten.
In übersichtlich gestalteter Form erhält der Benutzer/die Benutzerin zunächst einen Überblick zu den im Modell ausführlich behandelten Bausteinen.

Es folgen:

- Hinweise zu den Handlungsträgern
- Zusammenfassung des Inhalts und der Handlungsstruktur
- Vorüberlegungen zum Einsatz des Werkes im Unterricht
- Hinweise zur Konzeption des Modells
- Ausführliche Darstellung der einzelnen Bausteine
- Zusatzmaterialien

Ein besonderes Merkmal der Unterrichtsmodelle ist die Praxisorientierung. Enthalten sind kopierfähige Arbeitsblätter, Vorschläge für Klassen- und Kursarbeiten, Tafelbilder, konkrete Arbeitsaufträge, Projektvorschläge. Handlungsorientierte Methoden sind in gleicher Weise berücksichtigt wie eher traditionelle Verfahren der Texterschließung und -bearbeitung.
Das Bausteinprinzip ermöglicht es dabei den Benutzern, Unterrichtsreihen in unterschiedlicher Weise und mit unterschiedlichen thematischen Akzentuierungen zu konzipieren: Auf diese Weise erleichtern die Modelle die Unterrichtsvorbereitung und tragen zu einer Entlastung der Benutzer bei.

Das vorliegende Modell bezieht sich auf folgende Textausgabe:
Henning Mankell: Der Chronist der Winde. dtv, München 2002, ISBN: 3-423-12964-6

www.schoeningh.de
Schöningh Verlag, Jühenplatz 1–3, 33098 Paderborn

Druck A 5 4 3 2 1 / Jahr 2009 08 07 06 05
Alle Drucke der Serie A sind im Unterricht parallel verwendbar.
Die letzte Zahl bezeichnet das Jahr dieses Druckes.

Druck und Bindung: AZ Druck und Datentechnik GmbH/Kempten (Allgäu)

ISBN 3-14-022359-5

„Man kann fliegen, ohne sichtbare Flügel zu haben."
Nelio, ein zehnjähriges Straßenkind, erzählt um sein Leben. Er liegt mit einer Schusswunde auf dem Dach eines afrikanischen Hauses und weiß, dass er sterben wird, sobald seine Geschichte zu Ende ist.

„Dieser Roman hat einen besonderen Platz in meinem Herzen."
Henning Mankell

Die Hauptpersonen

Nelio	Straßenkind in Maputo; nach einem Überfall von Partisanen auf sein Heimatdorf, bei dem ein Teil seiner Familie getötet, ein anderer verschleppt wurde, flieht Nelio allein in „die große Stadt am Meer". Hier nächtigt er in einem verlassenen Reiterstandbild und findet Anschluss an eine Gruppe von Straßenkindern, deren Führung er schließlich übernimmt. Er stirbt mit nur zehn Jahren an den Folgen einer Schussverletzung, die ihm Wachmänner zugefügt haben, als er mit seinen Freunden heimlich nachts im Theater der Dona Esmeralda eine Vorführung für ein schwer erkranktes Mitglied des Rudels gibt. José stellt ihn zu Anfang des Romans so vor: „Nelio war nicht nur ein armes, schmutziges Straßenkind gewesen. Er war vor allem ein bemerkenswerter Mensch, ungreifbar, vieldeutig, wie ein seltener Vogel, von dem alle reden, obwohl ihn nie jemand wirklich gesehen hat. Obwohl er erst zehn Jahre alt war, als er starb, verfügte er über eine Erfahrung und Lebensweisheit, als hätte er hundert Jahre gelebt. Nelio [...] umgab sich mit einem unsichtbaren magnetischen Feld, das niemand durchdringen konnte. Von allen [...] wurde er mit Ehrerbietung behandelt. Viele suchten seinen Rat oder hielten sich nur vorsorglich in seiner Nähe auf, in der Hoffnung, etwas von seinen geheimnisvollen Kräften würde sich auf sie übertragen." (S. 11f.)
José Antonio Maria Vaz	Bäcker in Dona Esmeraldas Bäckerei, der den angeschossenen Nelio findet und auf das Dach der Bäckerei trägt, wo er ihn neun Nächte lang pflegt. Er hört dabei Nelios Lebensgeschichte und fühlt sich nach dessen Tod berufen, sein altes Leben aufzugeben und Nelios Geschichte fortan als „Chronist der Winde" weiterzuerzählen.
Dona Esmeralda	über neunzigjährige Gründerin und Inhaberin der Bäckerei und des Theaters. Sie ist die jüngste Tochter des berüchtigten Gouverneurs Dom Joaquim und ständig auf der „unruhigen Suche nach einem Sinn in ihrem eigenen Dasein" (S. 21). Nachdem sie zu den jungen Revolutionären übergelaufen und mit deren Machtübernahme in die Stadt zurückgekehrt ist, erwirtschaftet sie nun durch die Bäckerei das Geld, das sie zur Unterhaltung des Theaters – ihrer eigentlichen Leidenschaft – benötigt.
Yabu Bata	zwergenhafter Albino mit seltsamen Eigenschaften; Wegbegleiter Nelios auf seiner Flucht nach Maputo. Yabu Bata selbst hat auf einen Traum hin vor 19 Jahren seine Familie verlassen und sucht seitdem seinen Pfad. (Näheres siehe im Baustein 4 „Der Zwerg Yabu Bata und die Bedeutung des Träumens.")
Das „Rudel": **Cosmos**	etwa 14-jähriger Anführer des Straßenkinderrudels; als er die Gruppe verlässt, übernimmt Nelio seine Aufgabe.
Tristeza	ist „schwer von Begriff' und braucht „viel Zeit zum Denken" (S. 159), ist ein Träumer.
Mandioca	ein ruhiger, sehnsuchtsvoller Junge

Pecado	konzentriert, ausgleichend im Rudel
Nascimento	aggressiv, misstrauisch, hat Wahnvorstellungen
Alfredo Bomba	jüngstes Rudelmitglied, fröhlich und trickreich
Deolinda	Schwester von Cosmos und einziges Mädchen im Rudel; sie kann lesen und hat ein albinohaftes Aussehen
Maria	Teigmischerin in Dona Esmeraldas Bäckerei, in die José sich auf der Stelle verliebt, ohne dass es je zu einer Beziehung kommt. Sie ist schön und stark, in ihrem Beruf erfahren und geschickt. Mit seinem Weggang aus der Bäckerei verlässt José auch Maria und sieht sie später nur noch einmal aus der Ferne – offensichtlich erwartet sie ein Kind von ihrem neuen Partner. Für José stellt sie die Gegenwelt zu Nelio dar; für sein Leben als Chronist der Winde verzichtet er auf sein persönliches Glück mit ihr.
Manuel Oliveira	greiser, offensichtlich geistig verwirrter Priester; Opfer eines „Umerziehungslagers“ der jungen Revolutionäre. Jeden Morgen steht Oliveira vor sich hin gestikulierend, schimpfend und wie wahnsinnig lachend vor seiner Kirche auf dem Platz, an dem „Nelios“ Standbild steht. Nachdem er Jahre zuvor Verdammungsreden gegen die Revolutionäre und für die alte Kolonialzeit gehalten hat, ist seine Gemeinde nach und nach aus Angst vor Repressalien den Gottesdiensten fern geblieben. Als Oliveira daraufhin seine Predigten vor der Kirchentür hielt, sollte er durch einen Lageraufenthalt und Todesdrohungen von seinen Reden abgehalten werden. Inzwischen in seine leere Kirche zurückgekehrt, lebt er in der Zwiesprache mit Gott; nur noch in den Morgenstunden blitzen sein alter Kampfgeist und Wahnsinn auf. (S. 114, 207) Oliveira ist ein Beispiel für eine durch die Revolutionäre gebrochene Persönlichkeit.
Senhor Castigo	Taschendieb, der Nelio zum Betteln anstiftet, um die Spender anschließend zu bestehlen. Senhor Castigo übernachtet in einem verlassenen Grabhaus, in dem Nelio nach seiner Ankunft in der Stadt ebenfalls Nachtquartier gesucht hat. Er trägt einen Anzug, ein weißes Hemd, eine Krawatte und *aufgemalte* Schuhe. Nachdem Nelio Castigos kriminelles Tun durchschaut hat, flieht er vor ihm, lebt jedoch noch einige Zeit in Angst vor ihm. (S. 102ff.)
Abu Cassamo	indischer Fotograf, dessen dunkler Laden direkt neben dem Theater und der Bäckerei liegt; er ist schwermütig, introvertiert und sehr höflich. Mit leiser, beinahe singender Stimme erklärt er Nelio anhand eines alten Atlas die Welt. (S. 205)

Inhalt des Romans

Der Bäcker José Antonio Maria Vaz hört eines Nachts Schüsse aus dem Theater neben der Bäckerei. Er findet ein angeschossenes Straßenkind, den zehnjährigen Nelio, den er auf das Dach der Bäckerei trägt und dort oben neun Tage und Nächte lang pflegt. In diesen neun Nächten erzählt Nelio ihm seine Geschichte:

Die ersten Jahre seiner Kindheit lebt Nelio in einem Dorf im Grenzgebiet Mosambiks. Bei einem grausamen Überfall von Bürgerkriegs-Partisanen werden sein Vater und seine Schwester wie viele Bewohner des Dorfes bestialisch ermordet, das Dorf wird niedergebrannt und Nelio und seine Mutter werden mit weiteren Frauen und Kindern des Dorfes verschleppt. Nachdem sie das Basislager der Banditen erreicht haben, soll Nelio gezwungen werden, einen anderen Jungen aus seiner Familie zu erschießen. Er erschießt stattdessen den Banditen und kann flüchten.

Nelio trifft auf seiner Flucht den zwergenhaften Albino Yabu Bata, der sich auf einen seltsamen Traum hin 19 Jahre zuvor auf den Weg gemacht hat, seinen Lebenspfad zu finden. Er erlaubt Nelio, ihn einige Zeit zu begleiten und führt ihn schließlich ans Meer. Von dort aus weist er ihm den Weg in „die große Stadt am Meer" (Maputo), in der Nelio fortan leben wird.

In der Stadt fühlt Nelio sich direkt heimisch, obwohl seine ersten Erfahrungen mit den Menschen dort negativ sind. In seinem ersten Nachtquartier, einem scheinbar verlassenen Grabhaus auf einem Friedhof, trifft er auf Senhor Castigo. Dieser erkennt Nelios Situation, zwingt ihn zum Betteln und benutzt ihn als Lockvogel für Taschendiebstähle. Nelio durchschaut seine Machenschaften schnell und flüchtet vor ihm. In einem Reiterstandbild, das sich von unten mit einer Luke öffnen lässt, findet er sein neues Nachtquartier. Während er tagsüber das Leben der Menschen in der Stadt beobachtet und um sein Überleben kämpft, wird ihm bewusst, dass seine Bestimmung von nun an ein Leben als Straßenkind sein wird.

Nelio schließt sich einem Rudel von Straßenkindern an, das von dem etwa 14-jährigen Cosmos angeführt wird. Cosmos behandelt die Mitglieder seiner Gruppe gut, schlägt sie selten, schreit sie kaum an und gibt ihnen keine unnötigen Aufträge. Das Rudel wird zu Nelios neuer Familie. Die Kinder schlafen in Pappkartons (mit Ausnahme von Nelio, der weiterhin in seinem Reiterstandbild übernachtet und diesen Ort vor den anderen geheim hält) und leben von Abfällen, kleineren Diebstählen und dem wenigen Geld, das sie sich durch das Bewachen und Waschen von Autos der Reichen verdienen. Bei dieser Tätigkeit entwenden die Kinder aus Neugier einen Aktenkoffer, von dem sie sich die Lösung des Geheimnisses versprechen, welcher offensichtlich bedeutenden Tätigkeit die Reichen nachgehen. Alles, was sie in dem Koffer finden, ist eine tote Eidechse. Halb aus Schabernack und halb aus dem Wunsch nach Macht ersetzen die Kinder das tote Tier durch ein lebendiges und legen den Koffer an seinen Platz zurück. Ihr Tun gibt ihnen das Gefühl von Macht und so brechen sie in der nächsten Zeit in verschiedene Gebäude vom Kaufhaus bis hin zum Präsidentenpalast ein, stehlen jedoch nichts, sondern hinterlassen nur rätselhafte Spuren: eine gewollte Unordnung und stets eine tote Eidechse als ihr Zeichen.

Das Leben des Straßenkinderrudels ändert sich, als der Anführer, Cosmos, die Gruppe verlässt. Seine Position soll Nelio übernehmen, der das anfängliche Misstrauen der Kinder, er sei für Cosmos' Fortgang verantwortlich, schnell ausräumen kann. Ein Höhepunkt im Leben der Kinder ist der Geburtstag Alfredo Bombas, des Kleinsten aus dem Rudel. Unter Nelios' Anleitung brechen die Straßenkinder in das Haus eines verreisten Entwicklungshelfers ein, in dem sie sich am Kühlschrank reichlich bedienen und die Nacht mit einem Dach überm Kopf verbringen.

Eine Zeit lang wird die Gruppe der Jungen durch ein Mädchen erweitert. Deolinda, die Schwester von Cosmos, mit albinohaftem Aussehen und der bemerkenswerten Fähigkeit zu lesen, lebt so lange in der Gruppe, bis sie eines Nachts von einem der Jungen, Nascimento, vergewaltigt wird. Sie verlässt daraufhin das Rudel wieder und bleibt unauffindbar. Statt Nascimento zu bestrafen, verweist Nelio auf die Wahnvorstellungen, die ihn zu seinem Handeln getrieben haben.

In dieser Zeit geht eine Veränderung in Nelio vor. Er wird grüblerisch, aufbrausend und ungeduldig. Gedanken über das Schicksal seiner Familie und über den Tod quälen ihn und lassen sich auch nicht durch die anderen Kinder, denen er bewusst Wünsche erfüllt und damit Freude macht, vertreiben. Das Elend und die Ungerechtigkeit, die er tagtäglich sieht und erlebt, wecken in ihm existenzielle Fragen. Er will die Welt verstehen, aber seine Versuche, mithilfe eines alten Atlas und eines indischen Fotografen, der in solcherlei Fragen bewandert sein soll, Antworten zu finden, scheitern.

Kurz darauf erschüttert eine schwere Krankheit von Alfredo Bomba die Gruppe. Selbst im Krankenhaus kann nur ihre Unheilbarkeit festgestellt werden. Nelio ist bestrebt, seinem Freund Alfredo dessen letzte Tage so gut wie möglich zu gestalten und ihm seine Angst vor dem Sterben zu nehmen. So plant er ein Theaterstück, welches das Rudel aufführt: eine Reise zu einer von Alfredo Bomba ersehnten „Insel ohne Angst“. Die verschiedenen Charaktere der Straßenkinder und das Unvermögen einiger, sich zu konzentrieren und Text zu lernen, machen die Proben nicht leicht, aber schließlich kommt es zu einer anrührenden Aufführung, deren Erfolg es ist, dass Alfredo an ihrem Ende lächelnd für immer einschlafen kann. Unmittelbar darauf werden die Kinder jedoch von den Wachleuten des Theaters überrascht, die Einbrecher vermuten. Mit einer Ausnahme fliehen alle: Nelio bewacht den Leichnam Alfredos und wird dabei angeschossen. Neun Tage später wird er seinen Verletzungen erliegen und in einem leichten Erdbeben wird für José Antonio Maria Vaz spürbar, dass sein Geist die Erde verlässt.

José selbst gibt nach dem Tod Nelios sein Leben als Bäcker auf, verlässt seine große Liebe, die Teigmischerin Maria, und die Familie seines Bruders, bei der er gelebt hat, und folgt einer inneren Berufung: Er will fortan als „Chronist der Winde“ leben und Nelios Geschichte erzählen. Gegen alle Widerstände möchte er die Menschen mahnen, sich selbst, ihre Träume und Hoffnungen, die Straßenkinder und die Frage nach einer Zukunft der Welt nicht aus den Augen zu verlieren.

Vorüberlegungen zum Einsatz des Romans im Unterricht

Mit dem Roman „Der Chronist der Winde" gelangt ein Werk in den Deutschunterricht, das von einem schwedischen Autor geschrieben wurde und dessen Handlung in Afrika spielt. Welche Berechtigung also hat es im Deutschunterricht? Der „Blick über den Tellerrand" hin zu fremden Kulturen gewinnt in unserer vernetzten Welt in allen Fächern zunehmend an Bedeutung. So sehen exemplarisch die Richtlinien für Nordrhein-Westfalen als ein Halbjahresthema für die Arbeit in der Sekundarstufe II vor: „Pluralität und Differenz: Begegnung von Kultur in Sprache und literarischen Texten". Einzubeziehen ist hier explizit „deutsche und nichtdeutsche Literatur anderer Kulturen".

Der Autor Henning Mankell hat sich in einem Interview wie folgt geäußert: „Ich denke, es wäre schön, mehr darüber zu lernen, wie das Alltagsleben in Afrika aussieht. Dann würden wir besser verstehen, dass das Leben in Afrika nicht nur aus Problemen besteht. Es gibt auch viele Stärken der afrikanischen Kultur, von denen wir etwas lernen können, und zwar viel lernen können. Aber heute verweigern wir diesen Blick und das macht mich sehr ärgerlich, sehr zornig, denn wir verlieren hier etwas, das wir brauchen." (Henning Mankell in einem Interview mit Gerd Scobel im ARD-Morgenmagazin am 22.11.2001; Quelle: www.wdr.de/tv/gerd-ruge-in-afrika/literaturtipps/mankell_interview.phtml)

Der Roman „Der Chronist der Winde" eignet sich darüber hinaus für den Einsatz in der Schule, da er sowohl die Schülerinnen und Schüler thematisch zu interessieren vermag (es geht im weitesteten Sinne um die Lebensträume eines jungen Menschen und um die Frage, was dem Leben Sinn gibt) als auch durch seine sprachliche Gestaltung einigen Stoff für die Arbeit im Deutschunterricht bietet. In der Beschäftigung mit der Problematik der Straßenkinder wird ein aktuelles weltpolitisches Thema in das Bewusstsein der Schülerinnen und Schüler gerückt, das sowohl diejenigen unter ihnen anspricht, die Interesse an soziologischen Problemstellungen haben, als auch solche, die den Zugang zu einer Romanhandlung eher durch Empathie finden. Auch ein gewisses Spannungspotenzial ist enthalten, wenngleich es sich bei diesem Roman nicht um einen der bekannten Kriminalromane Mankells handelt. Der Leser wartet mit der Figur des Bäckers José von Nacht zu Nacht, von Kapitel zu Kapitel auf die Fortsetzung der Geschichte Nelios, des Straßenkindes. Dabei wird die Frage, wer Nelio angeschossen hat, erst gegen Ende des Romans aufgelöst. Zuvor könnte der Leser noch vermuten, bei den Tätern würde es sich um die Partisanen handeln, vor denen Nelio geflüchtet ist, oder um den Taschendieb Senhor Castigo, dem er davongelaufen ist und dessen Rache er noch einige Zeit fürchtet. In der Nacht schließlich erfährt José – und mit ihm der Leser –, dass Nelio von Wachmännern des Theaters angeschossen wurde, in dem er mit seinen Freunden in der Nacht ein Stück aufgeführt hat.

Generell stehen in der Arbeit mit einer Ganzschrift zwei Vorgehen zur Wahl: Entweder lesen die Schülerinnen und Schüler den Text unterrichtsbegleitend oder sie haben ihn zu Beginn der Unterrichtsreihe bereits komplett gelesen. Letzteres Verfahren entspricht der Arbeit in der Sekundarstufe II stärker und bietet sich im Hinblick auf „Der Chronist der Winde" insbesondere an, da – vor allem in der Rahmenhandlung um den Bäcker José – zum Teil Rückblicke und Vorschauen stattfinden. Somit wird die Kenntnis des gesamten Romans die Besprechung erleichtern und unnötige Wiederholungen vermeiden. In der Einstiegsstunde (Baustein 1) bekommen die Schülerinnen und Schüler die Gelegenheit, ihre Leseerfahrungen zu äußern und Aspekte für die gemeinsame Arbeit vorzuschlagen.

Der Einsatz des Romans ist für die Sekundarstufe II geeignet. Möglicherweise kann die Besprechung auch in einer Jahrgangsstufe 10 stattfinden, wenn es sich um eine leistungsstarke und eher lesefreudige Klasse handelt. In diesem Fall wären die folgenden Bausteine, je nach Fähigkeiten der Lerngruppe, um einige komplexere Aspekte zu reduzieren.

Bei der Arbeit mit jüngeren Schülerinnen und Schülern ist darüber hinaus zu bedenken, dass zum Beispiel die Schilderung des Überfalls der Banditen auf Nelios' Dorf oder Nelios' Tod auch emotional berühren. Daher sollte die Situation der Lerngruppe im Einzelfall bedacht werden.

Ein fachübergreifendes und fächerverbindendes Arbeiten bietet sich an mehreren Stellen ergänzend und vertiefend an. Die Bausteine und das Zusatzmaterial sind jedoch so aufbereitet und zusammengestellt, dass die für die Besprechung des Romans notwendigen Gesichtspunkte problemlos im Deutschunterricht erarbeitet werden können. Folgende Möglichkeiten des fachübergreifenden Arbeitens bestehen:

Geografie:	Mosambik und seine Hauptstadt Maputo (zu Baustein 2)
Sozialwissenschaft oder Erziehungswissenschaft:	das Leben von Straßenkindern und die Arbeit der Entwicklungshilfe (zu Baustein 3)
Religion/Ethik:	die Apokalypse; Vorstellungen verschiedener Religionen von einem Leben nach dem Tod (zu Baustein 5)

Weitere Unterrichtshilfen oder sonstige Materialien zum „Chronist der Winde“, die an dieser Stelle empfohlen werden können, gibt es bislang nicht. Das Internet bietet jedoch zahlreiche Links zu dem Autor Henning Mankell (z. B. Interviews und Vorträge) sowie zu seinem Werk. Verfilmungen gibt es bisher von einigen der Kriminalromane Henning Mankells.

Vorschläge für Klausurthemen:

1. Analysieren Sie folgenden Auszug aus Henning Mankells Roman „Der Chronist der Winde“: S. 171 – S. 173 (bis: ,,[...] gab es nur ihn und mich.“) und stellen Sie heraus, welche Bedeutung Maria und Nelio für José haben.
   Stellen Sie auf der Grundlage Ihrer Kenntnis des gesamten Romans dar, warum José Nelio gegenüber von Maria schweigt und warum es für ihn nicht möglich ist, sich für ein Leben mit ihr zu entscheiden.

   (Der zweite Teil der Aufgabe kann auch durch eine produktionsorientierte Methode ersetzt oder ergänzt werden. Die Aufgabenstellung lautet dann:
   Verfassen Sie einen Abschiedsbrief von José an Maria, in dem er ihr erläutert, warum er keine Beziehung mit ihr eingehen kann und sein bisheriges Leben als Bäcker aufgibt.)
2. Verfassen Sie eine Charakterisierung von Cosmos auf der Grundlage folgender Textstellen: S. 122 – 126 und 137 – 145.
3. Verfassen Sie eine Charakterisierung von Yabu Bata auf der Grundlage folgender Textstelle: S. 73 – 87.
4. Untersuchen Sie das Theaterstück, das die Straßenkinder für Alfredo Bomba aufführen, indem Sie herausarbeiten, inwiefern die dargestellten Figuren, der gesprochene Text und die Gestaltung der Kulissen geeignet sind, Alfredo seine Angst zu nehmen.
5. Analysieren Sie den Romanschluss (S. 264f. ab: „Ein Jahr ist vergangen [...]“). Legen Sie den inhaltlichen Schwerpunkt auf eine genaue Darlegung von Josés Motivation für sein Tun.

Konzeption des Unterrichtsmodells

Das vorliegende Unterrichtsmodell zu Henning Mankells Roman „Der Chronist der Winde" steht unter doppelter Zielsetzung, der die didaktischen Entscheidungen folgen. Die inhaltlichen Schwerpunkte sollen – ganz im Sinne der Hauptfigur Nelio, für dessen ganzheitliche Weltsicht die Frage „Spürst du, wonach der Wind schmeckt?" (S. 14) typisch ist – nicht nur rein kognitiv, sondern auch handlungsorientiert und die Empathie fördernd entdeckt werden.

So sollen neben klassischen Methoden des Deutschunterrichts wie Textanalyse und Charakterisierung handlungs- und produktionsorientierte Methoden stehen, die es den Schülerinnen und Schülern ermöglichen, ihre analytischen Einsichten vorzubereiten oder zu vertiefen. Durch einen zum Teil ganzheitlichen Zugang zu inhaltlichen Schwerpunkten werden sie in die Lage versetzt, ausgehend von ihrer Lebenssituation und Weltsicht die fremde Kultur Afrikas und die Problematik der Straßenkinder zu begreifen. Darüber hinaus wird der Blick auch auf die historischen, politischen, religiösen und soziologischen Aspekte geweitet, die zu einem vertieften Verständnis der inhaltlichen Zusammenhänge notwendig sind.

Baustein 1 gibt den Schülerinnen und Schülern die Möglichkeit, ihre Leseerfahrungen und Vorschläge zur inhaltlichen Schwerpunktsetzung der Unterrichtsreihe zu äußern. Das Textverständnis wird durch die Anfertigung eines Handlungsüberblicks gesichert. Aus der Analyse des ersten Kapitels in seiner expositorischen Funktion wird anhand grundlegender inhaltlicher Gesichtspunkte eine Annäherung an die beiden Hauptfiguren (Rechtfertigung Josés, Bedeutung Nelios) stattfinden. Auf formaler Ebene werden die Besonderheiten der sprachlichen Gestaltung untersucht und auf ihre Wirkung hin befragt.

Baustein 2 weitet den Blick auf die nicht-fiktive Handlungsumgebung des Romans. Erarbeitet werden hier die spezifischen Probleme des Landes Mosambik und seine Geschichte, die im zweiten Kapitel des Romans anhand der Figuren Dom Joaquim und Dona Esmeralda entfaltet wird. Die Schülerinnen und Schüler erarbeiten die politische Situation des Bürgerkriegs als Hintergrund für die Verschleppung Nelios aus seinem Heimatdorf und erfahren etwas über die hohe Zahl der Analphabeten, die sie die Chancenlosigkeit der Kinder einerseits und die Bedeutung des Theaters andererseits begreifen lässt.

Arbeitsschwerpunkt im **Baustein 3** ist das Schicksal der Straßenkinder, das anhand der einzelnen Charaktere des „Rudels" erarbeitet wird. Im Vergleich mit ihren eigenen Besitztümern und Ansprüchen stellen die Schülerinnen und Schüler heraus, was die Straßenkinder als lebensnotwendig und wünschenswert empfinden. Thematisiert wird auch die Arbeit der Entwicklungshilfe, die von den Charakteren im Roman unterschiedlich eingeschätzt wird. Anhand von Materialien oder eigener Recherche sollen die Schülerinnen und Schüler Projekte namhafter Organisationen kennen lernen und in Form einer Podiumsdiskussion Maximen für adäquate Hilfe entwickeln.

Baustein 4 steht unter dem Themenschwerpunkt „Träume". Nachdem die Schülerinnen und Schüler zunächst durch eine ganzheitliche Methode dem Stellenwert von Träumen in ihrem eigenen Leben nachgespürt haben, erarbeiten sie die Bedeutung des Leitmotivs „Traum" im Roman „Der Chronist der Winde". Anhand von zwei Beispielen wird ausgeführt, wie eklatant das konsequente Verfolgen von Träumen (z. B. Yabu Bata, der sein altes Leben aufgegeben hat, um seinen Lebenspfad zu finden, den er im Traum gesehen hat) bzw. das Verfolgen eines Ziels (José, der sein Liebesglück mit Maria einem Leben als mittelloser „Chronist der Winde" opfert) den Lebensentwurf eines Menschen prägen kann.

Auf die besondere Vorstellungswelt Afrikas wird in **Baustein 5** das Augenmerk gerichtet. Im Zusammenhang mit Krankheit, Sterben und Tod ist von Heilern, Geistern und Ahnen die Rede, deren Bedeutung für die Lebenden anhand einiger Textstellen herausgearbeitet wird. Ein Schwerpunkt liegt in der Analyse einer Passage aus dem vorletzten Kapitel, in dem José die Atmosphäre in seiner Umgebung kurz vor dem Tod Nelios beschreibt und dies sprachlich und inhaltlich in Nachahmung der biblischen Offenbarung des Johannes (Apokalypse) tut.

Baustein 6 beschäftigt sich mit der Bedeutung des Theaters. Es ist sicher kein Zufall, dass der Leiter des einzigen Theaters in Maputo, Henning Mankell, als zentralen Ort der Romanhandlung das Theater der Dona Esmeralda wählt, bzw. dessen Dach, auf dem Nelio neun Tage und Nächte lang erzählt und stirbt. Welche Funktion und welchen Wert das Theater für Mankell und für seine Figur Dona Esmeralda hat, ist eine der Fragen, die im Mittelpunkt der Arbeit stehen wird. Ein weiterer Schwerpunkt der textanalytischen Arbeit ist die Untersuchung des Theaterstücks, welches die Straßenkinder für den sterbenskranken Alfredo Bomba aufführen und womit sie ihm die Illusion einer angstfreien Welt ermöglichen. Vergleichend werden zu der literaturtheoretischen Frage nach der Wirkungsabsicht des Theaters Texte zur Dramentheorie von Schiller, Brecht und Dürrenmatt herangezogen.

Die Reihenfolge der Bausteine kann – mit Ausnahme der Bausteine 1 und 2, die den Einstieg darstellen und für die weitere Arbeit grundlegende Aspekte erörtern – verändert werden. Die Abfolge der Arbeitsschritte innerhalb der Bausteine sollte jedoch nicht umgestellt werden. Jeder Baustein ist in sich geschlossen und kann unabhängig von anderen eingesetzt werden. Eventuelle Querverweise finden sich an den entsprechenden Stellen.

Die thematischen Bausteine des Unterrichtsmodells

Baustein 1 Erzählen, Zuhören und Lesen

1.1 ❐ Die Bedeutung des Erzählens

Die hohe Bedeutung des Erzählens ist das Grundprinzip, von dem der Roman „Der Chronist der Winde“ lebt. Neun Nächte lang erzählt Nelio José seine Lebensgeschichte auf dem Dach der Bäckerei, angefangen von seiner Kindheit in einem kleinen Dorf, die jäh ein grausames Ende durch den brutalen Überfall von Banditen nimmt, über seine Flucht und sein Leben als Straßenkind in „der großen Stadt am Meer“ bis hin zu der Nacht, in der er von Wachmännern des Theaters von Dona Esmeralda angeschossen wird, als er den Leichnam seines Freundes Alfredo Bomba schützen will. Für Nelio bedeutet das Erzählen seiner Geschichte zunächst eine Kraftquelle, neun Tage und Nächte lang zu überleben. Er will unbedingt die Geschichte seines kurzen, aber ereignisreichen Lebens zu Ende erzählen und ist überzeugt davon, dass er nicht sterben wird, bevor ihm dies nicht gelungen ist. Mit dem Erzählen seiner Geschichte rettet er sich vor dem Vergessenwerden und völligen Verlöschen. Es sind jedoch primär nicht diese auf ihn selbst bezogenen Gründe, die ihn dazu motivieren:

„Es ist nicht, weil ich Angst habe, man könnte mich vergessen, hatte er gesagt. Es ist, damit ihr nicht vergesst, wer ihr selber seid.“ (S. 13)

Dieses Anliegen wird von José entsprechend verstanden und empfunden:

„Nelio hatte uns daran erinnert, wer wir eigentlich sind. Menschen, von denen ein jeder heimliche Kräfte besaß, die er nicht kannte. Nelio war ein bemerkenswerter Mensch. Seine Anwesenheit bewirkte, dass wir uns bemerkenswert fühlten.“ (S. 13)

Nelios Wunsch, dass sein Körper nach seinem Tod von José im Bäckereiofen verbrannt werde und somit spurlos von dieser Welt verschwinde, ist also konsequent. Seine Geschichte aber soll fortleben – ohne dass er dies jemals explizit von José fordert. Dieser verspürt vielmehr eine innere Berufung und gibt, nachdem er zunächst nach Nelios Tod in sein Alltagsleben zurückgekehrt ist, seinen Beruf, seine Familie und eine mögliche Beziehung zu seiner großen Liebe, der Teigmischerin Maria, auf, um als „Chronist der Winde“ Nelios Geschichte weiterzuerzählen. Für ihn stellt das Erzählen eine Lebensaufgabe dar, die ihm wichtiger ist als sein privates Glück und in deren Dienst er sich vollständig stellt. Dieser Zusammenhang zwischen der Besonderheit Nelios und den Motiven für Josés Handeln wird unter Punkt 1.4 „Analyse des ersten Kapitels“ genauer untersucht.

Bereits hier wird deutlich, dass das Motiv des Erzählens den Leitgedanken des Romans bildet. Damit spiegelt er die soziokulturellen Verhältnisse des Landes, in dem seine Handlung spielt, wider. In einer Gesellschaft wie der in Mosambik, die trotz einer Alphabetisierungskampagne der Regierung eine Analphabetenrate von über 60 % aufweist, stellt das mündliche Erzählen einen prägenden Anteil der Kultur und des Erhalts seiner spezifischen Geschichtlichkeit dar.

Schaut man in die frühe Geschichte der Literatur aller Kulturen, trifft man stets auf eine reiche mündliche Tradition, die erst später gesammelt, verschriftlicht und vervielfältigt worden ist. In dieser Entstehungsgeschichte gleichen sich die Genese von Märchen und Sagen verschiedener Kulturen ebenso wie die des Buches der Bücher, der Bibel.

In unserer Zeit und Kultur hat die Bedeutung des Erzählens – des wirklichen Erzählens, nicht des Vorlesens oder zum Beispiel der zurzeit boomenden Hörbücher – hingegen immens abgenommen. Martin Walser hat einmal formuliert: „ Warum liest man überhaupt? Weil die Großmutter aufgehört hat zu erzählen." (Walser, Martin: Warum liest man überhaupt? aus: Über den Leser – soviel man in einem Festzelt sagen soll, in: literatur konkret, Heft 3, Hamburg 1978.) Kaum eine Schülerin oder ein Schüler wird somit tatsächlich Erfahrungen mit dem Erzählen oder Erzählt-Bekommen haben. Wohl aber werden sie vermutlich berichten können, dass es Anekdoten gibt, die in ihrer Familie oder in ihrem Freundeskreis immer wieder erzählt werden. Diese Geschichtchen haben tatsächlich – zwar nicht auf kultureller, sondern in einem kleineren, eher privaten Rahmen – eine ähnliche Funktion wie das Erzählen „großer" Geschichten. Sie schaffen Identität und Zusammengehörigkeit und halten die ganz eigene Vergangenheit lebendig. Somit bilden sie einen Teil der grundlegenden wachen Erinnerung, aus denen sich eine Gruppe – eine Familie gleichermaßen wie ein Volk – definiert.

Als Einstieg in die Welt des Romans „Der Chronist der Winde" ist es unabdingbar, dass die Schülerinnen und Schüler die beschriebene Funktion und Bedeutung des Erzählens erfassen, da ihnen ansonsten die Verständnisgrundlage für die Deutung des Handelns Josés und des Grundanliegens Nelios fehlt. Ausgehend von ihren eigenen Erfahrungen werden diese Zusammenhänge erarbeitet:

Zu Beginn der Unterrichtsreihe ist es reizvoll, nicht direkt mit der Besprechung des Romaninhalts zu beginnen, sondern die Schülerinnen und Schüler zunächst einmal berichten zu lassen, wie es um das Erzählen von Geschichten (z. B. in ihren eigenen Familien) bestellt ist.

- ❐ *Berichten Sie von Situationen, in denen Sie erlebt haben, dass Geschichten erzählt wurden.*
- ❐ *Gibt es in Ihrer Familie oder in Ihrem Freundeskreis Anekdoten, die immer wieder gerne erzählt werden? Geben Sie Beispiele.*
- ❐ *Welche Gründe gibt es, dass solche Anekdoten auch nach längerer Zeit und zum wiederholten Male gerne erzählt und gehört werden?*
- ❐ *Welche Funktion übernehmen solcherlei Geschichtchen für das Zusammengehörigkeitsgefühl einer Gruppe oder einer Familie?*

Ausgehend von diesen Überlegungen auf eher persönlicher Ebene kann nun der Bogen geschlagen werden zu der Bedeutung der mündlichen Tradition von Kulturen. Hierzu kann der Text „Lebendige Oralität" von J. Goytisolo (Arbeitsblatt 1, S. 24f.) eingesetzt werden, der über die Bemühungen der UNESCO, das orale und immaterielle Erbe der Menschheit zu schützen, berichtet und einen vergleichenden Überblick über die mündliche und schriftliche Tradition der Menschheit gibt. Er stellt dabei heraus, dass der Zeitraum der „primären Oralität", d. h. die Spanne seit der Entstehung der Sprache, etwa vierzig- bis fünfzigtausend Jahre zurückreicht, wohingegen die Schrift „nur" etwa 5500 Jahre alt ist. Anhand von Beispielen einer lebendigen Erzähltradition etwa in Marokko betont Goytisolo, dass an einen Erzähler und an sein Publikum hohe Anforderungen gestellt werden, um die Geschichten lebendig werden zu lassen. Hier habe man es mit Kultur zu tun, die nicht zu verwechseln sei mit von Schrift, Medien und Technologie geprägter Bildung. An die UNESCO gerichtet fordert Goytisolo einen wirklichen Schutz dieser Traditionen, die diese Kultur lebendig hält, und nicht nur ein museales Bestaunen, das aber letztendlich ihr Aussterben nicht verhindert.

- ❐ *Lesen Sie den Text „Lebendige Oralität" von J. Goytisolo und beantworten Sie die Leitfragen (Arbeitsblatt 1).*

In einem dritten Schritt werden nun die gewonnenen Einsichten auf den Mankell-Roman übertragen. Die Schülerinnen und Schüler stellen hier eine Arbeitshypothese auf, die es im Folgenden – schwerpunktmäßig im Baustein 1.4 – zu überprüfen und zu vertiefen gilt.

- ❐ *Welche Bedeutung hat das Erzählen im Roman „Der Chronist der Winde" für Nelio, welche für José?*

Wenn die Zeit es zulässt, könnte als Abschluss dieser Phase das mündliche Erzählen mit den Schülerinnen und Schülern eingeübt werden. Inhaltlich bieten sich z. B. ein Teil der Geschichte Nelios oder auch ein traditionelles Märchen an.

1.2 ❐ Leseerfahrungen

Nachdem der Inhalt des Romans am Ende der vorangegangenen Phase bereits kurz thematisiert worden ist, soll nun für die Schülerinnen und Schüler zunächst die Gelegenheit bestehen, ihre Leseerfahrungen zu äußern. Die Geschichte Nelios beinhaltet Szenen von Gewalt, Sterben und Tod, die emotional berühren: den grausamen Überfall und die bestialischen Morde der Freiheitskämpfer, die Lebensumstände der Straßenkinder und das Sterben Alfredo Bombas und Nelios. Die Mitglieder der Lerngruppe können ihre Gedanken und Empfindungen während der Lektüre äußern und zugleich Vorschläge machen, welche Aspekte ihnen für die anschließende Bearbeitung im Unterricht wichtig und interessant erscheinen. Entsprechend kann dann aus den hier angebotenen Bausteinen ausgewählt werden und es können Schwerpunkte gesetzt werden. Als methodische Form eignet sich hier das „Blitzlicht", das reihum jedem einzelnen Schüler die Gelegenheit gibt, seine Gedanken auszusprechen, ohne sie zunächst einer Bewertung durch den Lehrer oder die Mitschüler ausgesetzt zu sehen. Es bietet sich an, vor dem Start des Blitzlichts den Schülerinnen und Schülern etwas Zeit zum Nachdenken und zum Anfertigen einiger Stichworte zu geben. Sie bekommen so durch eine Gedankenstütze eine größere Sicherheit zur freien Formulierung ihrer Überlegungen und man vermeidet ein bloßes Anschließen an die „Worte des Vorredners".

❐ *Berichten Sie von Ihren Erfahrungen und Gedanken beim Lesen des Romans „Der Chronist der Winde". Zugleich können Sie Gesichtspunkte nennen, die Ihnen für unsere unterrichtliche Arbeit geeignet und interessant erscheinen.*
Reihum hat jeder Schüler/jede Schülerin das Wort. Die Aussagen bleiben zunächst unkommentiert.

Im Anschluss daran sollte der Lehrer oder ein Schüler – eventuell aufgrund einiger Notizen, die während des Blitzlichts angefertigt worden sind – eine Zusammenfassung des Gesagten formulieren, aus der gemeinsam eine Perspektive für die Unterrichtsreihe entwickelt wird.

Als alternative Methode könnten die Schülerinnen und Schüler ihre Leseeindrücke auch in Form eines Klappentextes oder einer kurzen Buchempfehlung formulieren. Dabei sollten sie darauf achten, dass sie sich nicht auf eine Inhaltsangabe beschränken, sondern ihre eigene Einschätzung des Romans einarbeiten.

❐ *Verfassen Sie einen Klappentext für den Roman oder eine kurze Buchempfehlung, wie sie in (Internet-) Buchhandlungen häufig zu finden ist.*

Eine dritte Möglichkeit des Einstiegs ist ein Zugang zum Roman über einzelne assoziierte Begriffe. Die Schülerinnen und Schüler sollen hierzu zunächst zehn Stichworte, die ihnen spontan zu ihrer Lektüre einfallen, für sich notieren. In Kleingruppen von vier bis fünf Schülern sollen anschließend diese Begriffe auf fünf reduziert werden, die den Teilnehmerinnen und Teilnehmern im Zusammenhang mit dem Roman als zentral erscheinen. In einer Auswertungsphase stellen die Gruppen ihre Begriffe vor und begründen ihre Entscheidungen. Der Vergleich der Ergebnisse bietet Anlass zu einem Unterrichtsgespräch über die von ihnen gesetzten Schwerpunkte, die zugleich Leitlinie der folgenden Arbeit sein können.

❐ *Notieren Sie zehn Begriffe, die Ihnen spontan zu Ihrer Lektüre des Romans „Der Chronist der Winde" einfallen. Die Stichworte können sowohl auf den Inhalt des Romans als auch auf Ihre Gedanken oder Empfindungen beim Lesen Bezug nehmen.*

❐ *Schließen Sie sich zu Gruppen von vier bis fünf Schülerinnen und Schülern zusammen. Erstellen Sie innerhalb Ihrer Gruppe auf der Grundlage Ihrer Notizen eine Liste von fünf Begriffen, die Ihnen mit Blick auf den Roman zentral erscheinen.*

❐ *Stellen Sie Ihr Gruppenergebnis vor und begründen Sie Ihre Entscheidungen.*

1.3 ❐ Handlungsüberblick

Die Orientierung im Roman wird durch die inhaltlich wenig aussagekräftigen Überschriften („Die erste Nacht“ bis „Die neunte Nacht“) erschwert. Um die Orientierung zu erleichtern, die Einordnung bestimmter Textstellen leichter vornehmen zu können und zugleich die Textkenntnis der Schülerinnen und Schüler zu sichern, bietet es sich an, einen Handlungsüberblick zu erstellen.

Dazu gilt es zunächst, das grundlegende Prinzip der parallel verlaufenden und miteinander verknüpften Handlungsstränge zu erkennen: die José-Handlung (Rahmenhandlung), die Nelio-Handlung (Haupthandlung) und daneben verschiedene Nebenhandlungen, die jedoch stets in einer Verbindung entweder zu Nelio oder zu José stehen.

Systematisch werden die Stränge in einem Handlungsüberblick dargestellt, der entweder von den Schülerinnen und Schülern bereits während ihrer Lektüre angefertigt werden kann oder aber im Unterricht in Kleingruppenarbeit erstellt werden kann (je Gruppe ein bis zwei Kapitel). Ökonomisch ist es, wenn jede Gruppe ihre Ergebnisse direkt so verschriftlicht (z. B. auf einer OHP-Folie), dass sie nach der Vorstellung und Besprechung für alle kopiert werden können. In Kurzform kann der Handlungsüberblick dann etwa so aussehen:

Handlungsüberblick

Kapitel	José-Handlung	Nelio-Handlung	Nebenhandlung
José Antonio Maria Vaz (S. 7–16)	José stellt sich als Chronist der Winde vor und rechtfertigt sein Tun; er gibt erste Informationen über Nelio, seine Besonderheiten und seinen Tod.		
Die erste Nacht (S. 17–42)	Einstellung in der Bäckerei von Dona Esmeralda und Arbeit dort; José hört zum ersten Mal von Nelio und dem Straßenkinder-„Rudel“, in dem er lebt; er findet den angeschossenen Nelio auf der Theaterbühne und bringt ihn auf das Dach der Bäckerei.	Nelio weigert sich, zu einem Arzt gebracht zu werden; er möchte auf dem Dach der Bäckerei bleiben und dort seine „Geister freilassen“.	Geschichte von Dona Esmeralda und ihrem Vater Dom Joaquim Leonardo dos Santos: die politische Entwicklung bis zur Gegenwart, in der Dona Esmeralda Inhaberin des Theaters und der Bäckerei ist.
Die zweite Nacht (S. 43–68)	José geht nach der Arbeit nicht nach Hause; er kauft Heilkräuter bei Frau Muwulene und versorgt Nelio mit Essen; er erfährt, dass die Polizei wegen der Schüsse im Theater ermittelt.	Nelio beginnt seine Geschichte zu erzählen: frühe, auch finanziell gesicherte Kindheit in einem Dorf nahe der Grenze, Überfall von Banditen, Ermordung seiner kleinen Schwester und seines Vaters, Verschleppung der Frauen und Kinder, Nelios Flucht, als er gezwun-	

		gen wird, einen Jungen aus seiner Familie zu erschießen; er macht Rast und sieht einen „weißen Zwerg".	
Die dritte Nacht (S. 69–93)	Aus Josés Angst, Nelio könnte sterben, wird die Gewissheit, dass er zunächst seine Geschichte zu Ende erzählen wird.	Nelio lernt den zwergenhaften Albino Yabu Bata kennen, den er bis zur Stadt am Meer begleitet; durch ihn erkennt Nelio die Bedeutung des Träumens.	Eine Gruppe von Straßenkindern (Nelios „Rudel") verschwindet. Yabu Batas Geschichte: Er ist seit 19 Jahren unterwegs zu seinem Pfad des rechten Ziels.
Die vierte Nacht (S. 94–118)	José kauft neue Verbände, Heilkräuter und ein Hemd für Nelio und wird sich seiner Verantwortung für ihn bewusst; davon ausgehend denkt er über das Elend und Schicksal seines Landes nach.	In der Stadt findet Nelio nach einigen Tagen der Wanderung ein erstes Quartier in einem verlassenen Grabhaus, in dem er auf Senhor Castigo trifft; als dieser ihn zum Betteln zwingt und sich als Taschendieb entpuppt, flüchtet Nelio und findet schließlich sein Zuhause in einem Reiterstandbild; in den nächsten Tagen erkennt er seine „Bestimmung" zum Straßenkind.	Manuel Oliveira, der in einem Umerziehungslager der Revolutionäre „verrückt" gewordene Priester, der jeden Morgen wild gestikulierend vor seine leere Kirche tritt
Die fünfte Nacht (S. 119–145)	José pflegt Nelio, muss aber erkennen, dass sein Zustand immer schlechter wird und er bald sterben wird. In der Bäckerei hat er Probleme mit seinem faulen und unfähigen Teigmischer.	Nelio lernt Cosmos und das „Rudel" kennen und findet allmählich seinen Platz in der Gruppe, ohne ein anderes Mitglied zu verdrängen; als Cosmos das „Rudel" verlässt, soll Nelio die Führung von ihm übernehmen.	Die Kinder des „Rudels" mit ihren verschiedenen Charakteren und Geschichten werden vorgestellt und ihr Alltag beschrieben; Diebstahl eines Aktenkoffers eines Reichen, in dem eine Eidechse liegt; bei verschiedenen Einbrüchen, bis hin zum Präsidentenpalast, hinterlassen die Kinder eine Eidechse, die sie als mutmaßliches Symbol der Macht deuten.
Die sechste Nacht (S. 146–170)	José verliebt sich auf der Stelle in die neue Teigmischerin Maria.	Nelio wird vom „Rudel" als Anführer anerkannt; das kranke Kind einer Frau, die sich Hilfe suchend an ihn wendet, gesundet auf seinen Rat hin; Nelio will die Rolle eines	Um Alfredo Bombas Geburtstag zu feiern, brechen die Straßenkinder in das Haus eines Entwicklungshelfers ein; Deolinda gesellt sich zum „Rudel".

		Heilers jedoch nicht übernehmen.	
Die siebte Nacht (S. 171–196)	José denkt zum ersten Mal über seinen eigenen Tod und über die Einsamkeit nach; er würde die Verantwortung für Nelio gerne mit jemandem teilen, kann es aber selbst mit Maria nicht. Vorschau: José wird seine Arbeit als Bäcker aufgeben und fortan als „Chronist der Winde“ Nelios Geschichte weitererzählen; eine Beziehung mit Maria kann er nicht eingehen, weil er ihr nicht zumuten will, als Frau eines Bettlers zu leben.	Nelio nimmt Deolinda, die sich als Cosmos’ Schwester zu erkennen gibt, in das „Rudel“ auf; er verändert sich und wird melancholisch, aufbrausend und kraftlos; auch anderen eine Freude zu machen ändert seine Stimmung nicht.	Maria hat sich einem anderen Mann zugewandt, von dem sie ein Kind erwartet.
Die achte Nacht (S. 197–226)	In großer Sorge um Nelio will José ihn zum wiederholten Male ins Krankenhaus bringen, was Nelio jedoch ablehnt.	Nelio will dem sterbenskranken Alfredo Bomba seinen letzten Wunsch erfüllen und plant ein Theaterstück, das diesen zu einer „Insel ohne Angst“ führen soll.	Nascimento hat Deolinda vergewaltigt, woraufhin sie die Gruppe verlässt; die Suche nach ihr bleibt erfolglos; Alfredo Bomba erkrankt schwer; der indische Fotograf Abu Cassamo erklärt Nelio die Welt.
Die letzte Nacht (S. 227–249)	José nimmt in der Stadt eine apokalyptische Atmosphäre wahr, die ihn den letzten Tag mit Nelio wie einen Traum empfinden lässt, an den er sich nur bruchstückhaft erinnert; er beobachtet Maria, die er ungebrochen attraktiv findet.	Nelio erfindet ein Theaterstück für Alfredo und bindet alle „Rudelmitglieder“ ihren Fähigkeiten entsprechend ein; nach der Aufführung schießen Wachleute, die die Kinder vermutlich für Einbrecher halten, Nelio an; Nelio bittet José, ihn nach seinem Tod zu verbrennen; in der Morgendämmerung stirbt er.	Das „Rudel“ probt nachts in Dona Esmeraldas Theater das Stück für Alfredo und führt es in der vierten Nacht schließlich auf; die Aufführung nimmt Alfredo die Angst; ruhig stirbt er am Schluss des Stückes.
Die Morgendämmerung (S. 250–265)	José hat Nelios Leichnam im Bäckereiofen verbrannt; zunächst kehrt er zu seiner Familie zurück und ver-		Ein Erdbeben erschüttert in der Nacht die Stadt, bei dem das Standbild, das ehemals Nelios Nacht-

	richtet seine Arbeit, bis er nach einigen Wochen seine „Berufung“ spürt, sein altes Leben aufzugeben und als „Chronist der Winde“ Nelios Geschichte weiterzuerzählen; er verlässt die Bäckerei, Maria und seine Familie und lebt fortan unerkannt auf dem Dach der Bäckerei.		quartier war, umfällt; das Beben erfährt verschiedene Deutungen: Maria verschläft es; José sieht es als Loslösung des Geistes Nelios von der Welt und für den Priester Oliveira gleicht das Beben einem Wunder, denn seine Kirche füllt sich mit betenden Menschen.

1.4 ❐ Analyse des ersten Kapitels als Exposition

Nachdem bisher der Roman in seiner Gesamtheit Gegenstand der Arbeit war, tritt nun das erste Kapitel in seiner Funktion als Exposition in den Mittelpunkt. Während die folgenden Kapitel als Überschriften Zeitangaben tragen („Die erste Nacht“ bis „Die neunte Nacht“ und „Morgendämmerung“), ist das erste Kapitel des Romans mit dem Namen des Ich-Erzählers und Chronisten der Winde, José Antonio Maria Vaz, überschrieben. Hier deutet sich bereits an, dass damit eine wichtige Funktion eines expositorischen Kapitels – die Vorstellung der Hauptperson(en) – erfüllt wird. Der Leser lernt den ehemaligen Bäcker José kennen und erfährt von seinem jetzigen Leben als selbst ernannter „Chronist der Winde“ mit der Aufgabe, die Geschichte des Straßenkindes Nelio zu erzählen. In der Folge wird so durch ihn auch die zweite Hauptfigur, Nelio, vorgestellt. Es wird deutlich, dass Nelio nicht einfach nur ein Straßenkind unter vielen war, sondern dass José von seiner besonderen Bedeutung, die er als göttlich oder zumindest einem Heiligen gleich beschreibt, überzeugt ist. Nelios Besonderheit liegt in seinen Augen darin, dass er auf die Menschen um ihn herum eine außergewöhnliche Wirkung gehabt hat, die sie innerlich heilt. Sogar von einer physischen „Heilung“ wird in einer Episode berichtet: Nelio empfiehlt einer Frau, deren Kind schwer erkrankt ist, ein Hausmittel, das er aus seiner eigenen Kindheit kennt. Das Kind gesundet und fortan gilt Nelio ungewollt als *curandeiro,* als Arzt. (S. 155ff.)

Es gibt zwei Betrachtungsweisen dieser Heilungen: Realistisch betrachtet liegt Nelios Kraft wohl darin, dass er sich aufmerksam und liebevoll dem einzelnen Menschen zuwendet und ihm so das Gefühl vermittelt, aus der namenlosen Masse des Elends entkommen zu können. Es wird an vielen Stellen des Romans erzählt, dass Nelio denen, die mit ihm zusammen sind, eine Freude zu machen versucht: Für Alfredo Bomba organisiert er eine Geburtstagsfeier und ein Theaterstück, das ihm die Angst vor dem Tod nimmt. Auf sein Geheiß hin bekommt Tristeza seine heiß ersehnten Turnschuhe und Deolinda ein neues Kleid. Auch zeigt sich immer wieder, dass er kein Kind seines „Rudels“ aufgrund einer Schwäche verurteilt, sondern stets versucht, jedem in seinem Urteil gerecht zu werden.

Eine zweite Deutung betont eher in Josés Sinne das Wunderbare an Nelio. Ein Mensch, der als Geringer unter den Geringsten lebt, heilsame Kräfte hat und am Ende sein Leben für seine Freunde hingibt, rückt tatsächlich in die Nähe einer göttlichen Gestalt. Die Deutung von Josés Rolle bekäme damit eine neue Dimension. Sie entspräche dann der eines „Evangelisten“, der die Botschaft, die er erhalten hat, weitergeben muss, oder auch der eines „Propheten“, der mahnend auf die Missstände in der Welt hinweist und in apokalyptischen Reden vor dem Ende der Welt warnt (S. 13, 227ff., 250ff.). Da letztgenannte Textpassagen den Sprachstil der Bibel nachahmen (siehe Baustein 5.3: Nelios Sterben und die Apokalypse) und Josés Beschreibung seiner Aufgabe als eine Art innere Verpflichtung einer Berufung ähnelt, liegt diese Deutung nicht fern.

Bei der Analyse des Einleitungskapitels ist auch die sprachliche Gestaltung aufschlussreich und prägend für den gesamten Roman. Besonders deutlich kommt hier eine stark bildhafte Sprache zum Ausdruck, in deren Metaphern, Verlebendigungen und Metonymien sich eine ganzheitliche Weltsicht widerspiegelt. Diese ist einerseits typisch für Nelio, der seinen Respekt und seine Aufmerksamkeit nicht nur den Menschen, mit denen er zusammen ist, entgegenbringt, sondern genauso den Geistern und Ahnen, von deren Gegenwart er überzeugt ist und deren Gegenwart er in der Kreatur und Natur zu spüren glaubt. Die Katze, die im weiteren Romanverlauf dem sterbenden Nelio auf dem Bäckereidach häufig Gesellschaft leistet und mit seinem Tod verschwindet, ist nur ein Beispiel, genau wie der Wind, durch den er eine Verbindung mit entfernten Menschen empfindet:

„Nelio hatte oft gefragt: – Spürst du, wonach der Wind schmeckt? Ich wusste nie, was ich antworten sollte. Kann der Wind wirklich einen Geschmack haben? Nelio war davon überzeugt. – Geheimnisvolle Gewürze, sagte er plötzlich, ich glaube, es war in der siebten Nacht. Sie erzählen uns von Ereignissen und Menschen in weiter Ferne. Die wir nicht sehen können. Aber wir können sie spüren, wenn wir den Wind tief in unseren Mund einsaugen und ihn dann essen.“ (S. 14)

Die Sprache des Romans ist darüber hinaus typisch für die reiche Vorstellungswelt Afrikas. Nelios Verbindung mit seinen Ahnen über das „Medium“ Natur ist dabei kennzeichnend für das traditionelle Verständnis der ursprünglichen Kulturen (näheres dazu siehe Baustein 5: Geister, Ahnen und Heiler).

Die genannten Aspekte sollen anhand des Einleitungskapitels des Romans in zwei Teilabschnitten erarbeitet werden, die unter jeweils unterschiedlicher, aber – wie beschrieben – miteinander verflochtener Zielsetzung stehen. Anhand der Seiten 7–9 werden auf struktureller Ebene die Funktion der Einleitung, auf inhaltlicher Ebene die Motivation Josés und auf sprachlicher Ebene die bildhafte Sprache herausgestellt.

Die Seiten 10–16 geben eine detaillierte Beschreibung der Besonderheit Nelios, die inhaltlich erarbeitet und gedeutet wird. Abschließend werden beide Teile miteinander verbunden, indem der Bogen von der Deutung Nelios zurück zur vertieften Erfassung der Rolle Josés geschlagen wird. Als Abschluss dieses Bausteins sollte die Frage bzw. die aufgestellte Deutungshypothese vom Beginn (Ende des Bausteins 1.1: „Welche Bedeutung hat das Erzählen im Roman ‚Der Chronist der Winde‘ für Nelio, welche für José?“) überprüft werden.

❒ *Lesen Sie S. 7–9 des Romans unter folgenden Fragestellungen:*
Welche Funktion haben die ersten Seiten als Einleitung des Romans?
Welche Bedenken hat José, seine Geschichte zu erzählen? Welche Rechtfertigung gibt er für sein Tun?

Funktion der Einleitung (S. 7–9)

- Vorstellen des Erzählers José
- Vorstellen der Situation
- eine Art Rechtfertigung der Erzählung

Nelios Erbe nicht in Vergessenheit geraten lassen und damit seinem Leben und Tod einen Sinn geben

Aufgabe gibt José Identität und Sinn

den Menschen die Augen öffnen für die Lebensumstände der Straßenkinder

José erzählt die Geschichte auch gegen Widerstände und Desinteresse, weil er von ihrer Bedeutsamkeit überzeugt ist

(Ergänzung nach der Erarbeitung der Bedeutung Nelios:)

⇒ *Rolle als „Evangelist“ und „Prophet“*

❒ *Welche Besonderheiten der sprachlichen Gestaltung fallen auf?*

❒ *Welche Funktion und Wirkung haben die verwandten Stilmittel?*

Sprachliche Gestaltung der Einleitung

- Metaphern
- Vergleiche
- Verlebendigungen und Personifikationen der Stadt und der Natur
- Metonymien
- Wiederholungen („Ich, José Antonio Maria Vaz")
- klimaktische Fragen nach der Zukunft der Welt

⇒ poetische Sprache; Nachahmung der Sprache und ganzheitlichen Weltsicht Nelios/Afrikas

Nun wird der zweite Teil des Einleitungskapitels in den Mittelpunkt der Arbeit gerückt und der Blick auf Nelio gerichtet, der hier von José beschrieben wird.

❒ *Lesen Sie S. 10–16 des Romans unter folgenden Fragestellungen:*
- *Wie beschreibt José die Besonderheit Nelios?*
- *Wie wirken die beschriebenen Eigenschaften auf Sie?*

Das Besondere an Nelio (S. 10–16)

„außen":
- armes, schmutziges Straßenkind
- 10 Jahre alt

„innen":
- bemerkenswerter Mensch
- ungreifbar, vieldeutig, wie ein seltener Vogel
- verfügt über Erfahrung und Lebensweisheit eines Hundertjährigen
- um sich ein unsichtbares magnetisches Feld
- wurde mit Ehrerbietung behandelt
- geheimnisvolle Kräfte
- eigentlich kein Mensch, sondern vielleicht ein Gott oder zumindest ein Heiliger
- erinnert die Menschen daran, wer sie eigentlich sind, dass sie verborgene Kräfte besitzen; bewirkt, dass die Menschen sich bemerkenswert fühlen
- stirbt, ohne auch nur einen Funken Entsetzen darüber zu zeigen
- sehr freigebig mit seinem Besitz und mit seinen Gedanken
- ist davon überzeugt, dass man mit dem Wind Ereignisse und Menschen in weiter Ferne aufnehmen kann

} <u>religiös anmutendes Muster:</u> wunderbare, gottähnliche Züge in unscheinbarem Äußeren; heilsame Kraft für die Menschen

Den Gedankengang schließen nun der Rückgriff auf die Figur José und eine Verbindung der Ergebnisse ab:

- *Wenn José Nelio als einen Gott oder einen Heiligen sieht, wie ist dann seine eigene Rolle zu verstehen?*

Das Ergebnis dieser Überlegungen (Josés Rolle als „Evangelist“ bzw. „Prophet“) sollte im Tafelbild „Funktion der Einleitung“ ergänzt werden.

Soll als Abschluss ein produktionsorientierter Schreibauftrag gewählt werden, bietet es sich an, diesen in Anlehnung an ein Projekt zu gestalten, das in Zusammenarbeit mit der Hilfsorganisation Plan – international von Henning Mankell selbst unterstützt wird: Das „Memory-Book“ Projekt in Uganda ist ein Baustein der Programme gegen HIV. In Erinnerungsbüchern schreiben aidskranke Eltern ihre eigene Geschichte und die ihrer Familie auf und geben den Kindern Rat für die Zukunft. Die Schriftstellerin und Literaturkritikerin Elke Heidenreich, die das Projekt ebenfalls unterstützt, formuliert: „Die Memory-Books, geschrieben von Menschen, die kaum das Alphabet beherrschen, sind die Urform des Erzählens, eine ganz besondere Art von Literatur, wie wir sie bisher nicht kannten. Sie zeigen den entwurzelten Kindern, wo sie herkommen. Sinnvoller kann Literatur überhaupt nicht sein.“

- *Legen Sie ein Grundgerüst für ein eigenes Memory-Book an – entweder aus Ihrer eigenen Perspektive oder aus der Ihrer Eltern. Welche Erinnerungen würden Sie auf jeden Fall festhalten wollen?*
- *Formulieren Sie ein Kapitel Ihres Memory-Books.*

Notizen

Lebendige Oralität

Die UNESCO schützt das immaterielle Weltkulturerbe

Die Unesco hat eine neue Organisation, die sich dem Schutz des oralen und immateriellen Erbes der Menschheit verschrieben hat. Geschützt werden künftig Sagen und Gesänge afrikanischer Gemeinden ebenso wie das Sanskrittheater Kuttiyattam aus Indien. Den Anstoß dazu gab Juan Goytisolo. Der in Marokko lebende spanische Schriftsteller setzt sich seit langem für die Erhaltung von öffentlichen Erzähltraditionen in Marrakesch ein.

Die Existenz des Homo sapiens und somit die Herausbildung der menschlichen Sprache dürften vierzig- bis fünfzigtausend Jahre zurückreichen. Dagegen stammen die ersten schriftlichen Zeugnisse, die sumerischen Keilschriften, etwa aus der Zeit um 3500 vor Christus. Der Zeitraum der „primären Oralität“, wie Walter Ong sie in seinem Standardwerk zu diesem Thema genannt hat, ist also fast zehnmal so groß wie jener der Schrift.

Neben diesen aufschlussreichen Zahlen zum Alter des mündlichen Erbes der Menschheit gilt es, weitere Faktoren zu berücksichtigen, will man die wechselseitige Beeinflussung von mündlicher Tradition und schriftlichem Ausdruck sowie das zunehmende Ungleichgewicht zwischen ihnen begreifen: Von den weltweit etwa 3 000 lebenden Sprachen besitzen nur 78 eine lebendige Literatur, basierend auf einem der 106 Alphabete, die im Laufe der Geschichte geschaffen wurden. Mit anderen Worten: Hunderte und Aberhunderte von Sprachen, die gegenwärtig auf unserem Planeten verwendet werden, haben keine Schrift; ihre Kommunikation funktioniert ausschließlich mündlich.

Natürlich beruhen alle Kulturen auf Sprache. Doch diese mündliche Kommunikation hat im Laufe der Jahrhunderte und in dem Maße, wie die Existenz der Schrift und das Wissen um diese die Mentalität des fahrenden Sängers oder Erzählers beeinflussten, eine Reihe von Veränderungen erfahren. In der heutigen Welt der Massenmedien ist es schwer, noch Hüter einer mündlichen Tradition zu finden, die nicht von der Schrift und ihrem visuellen Medium auf irgendeine Weise „kontaminiert“ wären. Die *halaiqis* (Geschichtenerzähler) auf dem Marktplatz von Marrakesch agieren inmitten einer sich wandelnden, bildungshungrigen, im globalen Konkurrenzgeflecht agierenden Gesellschaft, die gerne auf jene herabsieht, die die Erzählungen der Vergangenheit memorieren und für die Zukunft bewahren. Dabei beruht eine solch „schiefe“, irrige Wahrnehmung der mündlichen Tradition auf einer beliebten Verwechslung: Kultur und Bildung sind nicht das Gleiche, und eben deshalb können die Hüter des mündlichen Wissens kulturvoller sein – und sind es zuweilen auch – als manche ihrer Landsleute, die lediglich den Umgang mit den audiovisuellen und Informationstechnologien gelernt haben. Doch in einer Welt, die von der Allgegenwart dieser Technologien erdrückt wird, droht der mündlichen Kultur [...] die größte Gefahr, was eine internationale Anstrengung rechtfertigt, um sie vor dem Aussterben zu bewahren. [...]

Diese große Vielfalt an Verbindungen und Durchlässigkeiten zwischen der primären Oralität und den verschiedenen Erscheinungsformen von Schrift, Buchdruck und neuen oralen Medien (Radio, Fernsehen, Kassettenrecorder etc.) war für mich umso verlockender, als sie mir half, mich von festen Mustern und starren Grenzen zwischen der ursprünglichen mündlichen und der vom arabischen Alphabet hervorgebrachten Tradition zu lösen. Einige Male erlebte ich den Wort für Wort memorierten Vortrag schriftlicher Texte, die gleichwohl mündlichen Ursprungs waren (Tausendundeine Nacht u. a.). Andere Male waren es traditionelle Erzählungen und Gebete der Berber und Gnawas oder Improvisationen über Themen der Gegenwart, bei denen sich die Vortragenden auch des Jargons der „sekundären Oralität“ bedienten. Wobei diese sekundäre Oralität von einer immateriellen Kunst begleitet war, die wiederum aus dem ganz konkreten und materiellen Umfeld der Halqa erwuchs: Grimassen, Gesten, Pausen, Lachen, Jammern, all diese körperlichen und paralinguistischen Ausdrucksformen, die für eine nicht ausschließlich mündliche Situation charakteristisch sind und zu einem außergewöhnlichen immateriellen Erbe gehören, das an den öffentlichen Vortrag gebunden ist.

Wie Cervantes bemerkte, gibt es Erzählungen, deren ganzer Reiz in der Art und Weise besteht, wie sie dargeboten werden. Die Kunst der Gaukler und Erzähler verlangt vom Publikum, dass es ganz Auge und Ohr ist. [...] Anders sind die Stimmen, die Geräusche, die Gesten, das Publikum, das zuschaut, zuhört, riecht, schmeckt und fühlt. Das mündliche Erbe schreibt sich ein in ein anderes, das wir immateriell nennen können und das sehr viel umfassender ist. [...]

Dass die Unesco sich den neuen Begriff des mündlichen und immateriellen Erbes der Menschheit zu eigen gemacht hat, ist ein wichtiger Schritt hin zur Bewahrung der mündlichen Kultur Hunderter von Sprachen ohne „Grapholekt“, und zugleich ist es ein Anstoß zur Erforschung der zahllosen Überschneidungen und Zwischenstadien, die auf den Einfluss der Schrift, des Buchdrucks und der modernen audiovisuellen Medien und Informationstechnologien zurückgehen. Wenn wir uns das komplexe Mosaik anschauen, zu dem sich die bedrohten Sprachen und Kulturen fügen, ob in Lateinamerika, Afrika, Asien oder Ozeanien, dann ist dies eine gewaltige Aufgabe. Und wir müssen sie bewältigen, im vollen Bewusstsein der Gefahren, mit denen ein solches Unternehmen verbunden ist: Diese Kulturen und Sprachen sind ein lebendiges Erbe, und es gilt, nicht in die Falle zu tappen und sie zu „musealisieren“, nicht zu Anthropologen zu werden, die, wie ein mexikanischer Intellektueller sagte, „die Völker als Kulturfossilien betrachten“. Wir müssen sachte vorgehen, diskret, es geht um den Schutz der verschiedenen kulturellen Erscheinungsformen der 3000 auf der ganzen Welt gesprochenen Sprachen und ihrer „lebenden Thesauren“, ein Schutz, der die Errichtung von „Eingeborenenreservaten“ verbietet, es sei denn als allerletzten Notbehelf: das heißt, man stellt ihnen eine Sterbeurkunde aus, nachdem man ihren Untergang auf Band aufgezeichnet und gefilmt hat, und bestückt mit diesem Material die Völkerkundemuseen in den Metropolen der Ersten Welt.

In: Le Monde diplomatique Nr. 6471 vom 15.6.2001, Seite 2, 300 Dokumentation JUAN GOYTISOLO (dt. von Thomas Brovot)

- ❒ *Stellen Sie das Verhältnis von mündlicher und schriftlicher Tradition in Zahlen dar.*
- ❒ *Definieren Sie Orgs Begriff der „primären Oralität“.*
- ❒ *Erläutern Sie Goytisolos Aussage „Kultur und Bildung sind nicht das Gleiche“.*
- ❒ *Welche Forderungen stellt Goytisolo zum Erhalt des mündlichen Erbes der Menschheit auf?*

Der historische und politische Kontext

2.1 ❐ Der Gouverneur Dom Joaquim und seine Tochter Dona Esmeralda

Der Gouverneur Dom Joaquim nimmt keine handelnde Rolle im Romanverlauf ein. Die recht ausführliche Beschreibung seiner Regentschaft im zweiten Kapitel („Die erste Nacht") dient vielmehr dazu, Grundzüge der politischen Entwicklung des Landes Mosambik in der Kolonialzeit zu illustrieren. Nach der Landung Vasco da Gamas im Jahr 1498 übernahmen die Portugiesen zunehmend die Herrschaft in Mosambik. Während des 20. Jahrhunderts ging sie, insbesondere unter der Diktatur von António Salazar, von einer ausbeuterischen kolonialen Zwangsverwaltung aus.

Dom Joaquims Handeln als Gouverneur und Mitglied einer der ältesten Kolonialfamilien „von einer Macht jenseits des Meeres" (S. 18)" (= Portugal) wird zwar als korrupt, verleumderisch und despotisch beschrieben, die ironische und episodenhafte Darstellungsweise lässt ihn jedoch derart skurril erscheinen, dass seine negativen Charakterzüge gleichsam unterhaltsam wirken. Beispiele hierfür sind der von ihm in die Wege geleitete absolut offensichtliche Wahlbetrug, der darin mündet, dass er „mit einer Mehrheit gewählt worden [war], die bei weitem die Gesamtzahl der damals registrierten Stimmberechtigten überschritt" (S. 19), oder seine Vorliebe für Reiterstandbilder als äußere Zeichen seiner Macht, für die er Statuen entmachteter Herrscher der Nachbarländer aufkauft und sie – in Ermangelung einer eigenen einflussreichen Verwandtschaft versehen mit einem neuen Namen, der den Dargestellten als ein bedeutsames Mitglied seiner Familie auszeichnet – auf den Plätzen seiner Stadt aufstellen lässt.

Sprachlich ironisch wird solches Verhalten als „sehr geschickt" (S. 19) und „umsichtig" (S. 19) beschrieben, aus einer Bestechung wird eine „Bekräftigung" (S. 18) und der Wahlbetrug wird wenige Zeilen später als „neue [...], demokratisch erworbene [...] Würde" (S. 19) bezeichnet. Diese nahezu augenzwinkernde und deutlich beschönigende Darstellungsweise, die keinerlei offensichtliche Empörung über Dom Joaquims Machenschaften erkennen lässt, lässt vermuten, dass sein Verhalten entweder als derart normal und unabänderlich einzuschätzen ist, dass eine Auflehnung dagegen zunächst außer Frage steht, oder aber dass jede offen ausgesprochene Kritik aus Angst vor Repressalien – etwa durch die eigens dazu eingesetzte Geheimpolizei – vermieden werden muss. Letztere Deutung wird dadurch gestützt, dass die Furcht vor einem solchen Herrscher wie Dom Joaquim sogar bis über seinen Tod hinausreicht: „Niemand hatte jedoch den Mut gehabt, ihn als Gouverneur in Frage zu stellen, alle hatten ihn gefürchtet, und als er endlich gestorben war, [...] hatte niemand etwas zu unternehmen gewagt, bis er nach einigen Tagen in der großen Wärme zu riechen begann." (S. 191f.) Da Dom Joaquims Regentschaft zum Zeitpunkt der Schilderung jedoch längst durch seinen Tod beendet worden ist, könnte die Darstellungsweise auch sprachlich das sinnbildliche Kopfschütteln über die im Nachhinein fast unglaublichen Zustände der Vergangenheit widerspiegeln.

Bevor die Schülerinnen und Schüler diese sprachliche Analyse leisten, sollten sie zunächst einmal herausfiltern, welche Machenschaften Dom Joaquims Regentschaft kennzeichnen.

- ❐ *Stellen Sie anhand der Seiten 17–21 zusammen, welche „Regierungsprinzipien" die Herrschaft von Dom Joaquim kennzeichnen.*
- ❐ *Untersuchen Sie anhand der Seiten 17–20 detailliert, wie das Handeln Dom Joaquims sprachlich dargestellt wird.*

Dom Joaquims Herrschaft

Regierungsprinzipien:	sprachliche Darstellung:
• Bestechung	• kleine Stoffbeutel mit Edelsteinen zur „Bekräftigung“
• Verleumdung	• „sehr geschickt das Gerücht in Umlauf gebracht“
• Wahlbetrug	• ist „unabdingbare organisatorische Voraussetzung“
• Festhalten an der Macht trotz Alter und Verwirrung	• „dass er mitunter glaubte, er wäre schon gestorben“; stirbt „halb aus seinem Sarg hängend, als hätte er ein letztes Mal auf den Balkon kriechen wollen ...“
• Spitzelei durch Geheimpolizei	• „sorgfältig auf die kleinsten Anzeichen von [...] Unzufriedenheit und Unruhe geachtet
↓	↓
despotische Herrschaft	**beschönigende, ironische Darstellungsweise**

Dom Joaquims Tochter, Dona Esmeralda, die ihm in ihrer Wesensart ähnlich sein soll (vgl. S. 18), wird im Gegensatz zu ihrem Vater ganz explizit als „verrückt“, „konfus“, „wunderlich“ und bestenfalls „erstaunlich“ (S. 17) beschrieben. Mit ihrem ungeklärten Alter (mindestens neunzig Jahre alt), ihren flatternden Kleidern, großen Hüten und in ihrem alten, offenen Auto ist sie auch äußerlich eine auffällige Erscheinung. Während des Befreiungskampfes gegen die Kolonialherren läuft sie zu den jungen Revolutionären über (S. 21f.), unter deren Herrschaft sie später auf ihren ausdrücklichen Wunsch hin die Verantwortung für das Theater übertragen bekommt (S. 23). Ihr gutes Stück Verrücktheit – unbestreitbar das Erbe ihres Vaters – ist vonnöten, um in derart unruhigen Zeiten ein völlig heruntergekommenes Theater aufzubauen und später die Menschen, die um ihr Überleben kämpfen, für Kultur zu begeistern. (Näheres hierzu siehe Baustein 6.2: Dona Esmeraldas Theater.) Anders als ihr Vater setzt sie ihre Kräfte ein, um – auf eine ähnlich energische Weise – etwas Positives aufzubauen, ohne mit uneingeschränkter politischer Macht die Menschen zu unterdrücken. Auf die Frage, die ihr vom neuen Präsidenten unmittelbar nach der Befreiung gestellt wurde, „welche Rolle sie in der soeben beginnenden revolutionären Umwälzung der alten Gesellschaft zu spielen gedenke“ (S. 25), hätte ihr Vater wohl eine andere Antwort gegeben, die ihm eine einflussreichere Position als die Übernahme eines Theaters beschert hätte.

Die Gemeinsamkeiten und Unterschiede zwischen Dona Esmeralda und ihrem Vater Dom Joaquim können von den Schülerinnen und Schülern entweder auf eine eher textanalytische Weise herausgearbeitet werden; als Alternative bietet sich an dieser Stelle jedoch auch ein produktiver Schreibauftrag an, in dem die zu erarbeitenden Aspekte aus der Sicht Dona Esmeraldas selbst dargelegt werden. Diese Aufgabe erfordert darüber hinaus ein höheres Maß an Einfühlungsvermögen in die Figur, da in ihrer Antwort auch Emotionen und Wertungen zum Ausdruck kommen werden. Neben der Darstellung von Gemeinsamkeiten und Unterschieden zwischen Dona Esmeralda und ihrem Vater wird auch eine Bewertung ihres Verhältnisses zueinander vorgenommen werden müssen. Zu berücksichtigen ist hier, dass sich die Tochter in ihrer politischen Entscheidung ganz bewusst von ihrem Vater abgewandt hat und somit die ihr unterstellte Ähnlichkeit vermutlich nicht als Kompliment verstehen wird. Andererseits denkt sie nach der Premiere in ihrem Theater und damit im Moment ihres größten Glücks mit Wehmut an ihren Vater, „der diesen stolzen Augenblick nicht hatte erleben dürfen“ (S. 27).

- *Von Dona Esmeralda wird auf S. 18 des Romans gesagt, sie sei diejenige Tochter gewesen, die Dom Joaquim „am meisten glich, wenn nicht im Aussehen, so doch in der Art“. Stellen Sie zusammen, welche Wesenseigenschaften Dona Esmeralda von ihrem Vater geerbt hat und worin sie sich deutlich von ihm unterscheidet oder abgrenzt. Beziehen Sie sich dabei vor allem auf die Seiten 17 und 21–27.*

Ein alternativer, produktionsorientierter Schreibauftrag könnte wie folgt lauten:

- *Familientreffen der Dos Santos’. Dona Esmeralda wird von einer ebenso alten Cousine zur Seite genommen, die ihr sagt, sie sei immer schon diejenige der drei Töchter gewesen, die ihrem Vater „am meisten glich, wenn nicht im Aussehen, so doch in der Art“. Wie wird Dona Esmeralda reagieren? Formulieren Sie eine Antwort.*

2.2 Der historische und politische Hintergrund

Das Geschehen des Romans „Der Chronist der Winde“ spielt in Mosambik (Mocambique) und seiner Hauptstadt Maputo. Obwohl diese Namen an keiner Stelle genannt werden, lässt sich aufgrund zahlreicher Hinweise die Zuordnung leicht vornehmen (z. B. S. 21: „[...] hatte der Kolonialkrieg auch dieses Land erreicht, als eins der letzten auf dem ganzen afrikanischen Kontinent“ oder S. 22: „Der Krieg hatte an einem dunklen Septemberabend begonnen [...]).

Aus der Geschichte Dom Joaquims und Dona Esmeraldas lassen sich viele Informationen über die politische Situation zur Kolonialzeit und während des Unabhängigkeitskampfes der jungen Revolutionäre bis hin zur Unabhängigkeit im Jahr 1975 ableiten. Die im Jahr 1962 gegründete Freiheitsbewegung FRELIMO (Frente de Libertaçao de Moçambique) begann 1964 einen bewaffneten Unabhängigkeitskrieg. Ein vorläufiges Ende fanden die Kämpfe erst zehn Jahre später mit der Unterzeichnung eines Waffenstillstandsabkommens zwischen der FRELIMO und der portugiesischen Regierung am 7.9.1974. Am 25.6.1975 wurde die Unabhängigkeit der Volksrepublik Mosambik proklamiert, die eine sozialistische Verfassung erhielt. Mit Unterstützung der Apartheitsregierung in Südafrika sammelten sich die Widerstandskämpfer in der 1976 gegründeten bewaffneten Oppositionsbewegung RENAMO (Resistencia Nacional Moçambicana), deren Guerrilla-Kampf Mosambik Anfang der 80er-Jahre in einen offenen Bürgerkrieg führte. Im Roman „Der Chronist der Winde“ ist diese Zeit in der Geschichte Nelios verarbeitet. Seine Familie wird durch einen Überfall dieser Kämpfer auseinander gerissen, ihres Dorfes beraubt und zum Teil grausam ermordet.

Erst 1992 wurde nach jahrelangem Ringen das Friedensabkommen zwischen der mosambikanischen Regierung und der RENAMO unterzeichnet. Unter Aufsicht der UNO fanden zwei Jahre später die ersten freien Parlaments- und Präsidentenwahlen statt, bei der die Regierungspartei FRELIMO und ihr Präsidentschaftskandidat Chissano siegten. Insgesamt 15 Jahre Bürgerkrieg haben das Land, seine Wirtschaft und seine sozialen Einrichtungen zerstört und Mosambik zu einem der ärmsten Länder der Erde gemacht.

Methodisch kann die Erarbeitung des historischen und politischen Kontextes sowohl deduktiv als auch induktiv geschehen. Die Schülerinnen und Schüler können entweder als vorbereitende Hausaufgabe oder in einer Unterrichtsstunde selbstständig Informationen über Mosambik recherchieren (Internet, Lexikon, Encarta), die dann in einem zweiten Schritt in den Schilderungen des Romans wieder entdeckt werden können.

- *Sammeln Sie Informationen über die Geschichte und die politische Entwicklung Mosambiks. Stellen Sie anschließend dar, welche der Informationen Sie im Roman (S. 17–37 und S. 52–67) verarbeitet sehen.*

Auch das umgekehrte Vorgehen ist denkbar. Hier erhalten die Schülerinnen und Schüler zunächst den Arbeitsauftrag:

- *Stellen Sie auf der Grundlage der Kapitel „Die erste Nacht“ (S. 17–37) und „ Die zweite Nacht“ (S. 52–67) des Romans dar, welche Informationen Sie über den historischen und politischen Hintergrund des Geschehens erhalten.*

❒ *Recherchieren Sie, um welches Land es sich handelt, und stellen Sie Informationen über seine Geschichte und seine politische Entwicklung zusammen.*

Besteht die Möglichkeit einer eigenständigen Recherche durch die Schülerinnen und Schüler nicht, kann auf das Zusatzmaterial (Z1 und Z2, S. 71–73) zurückgegriffen werden.

Als Ergebnis sollten folgende Textstellen genannt werden, in denen wichtige Gesichtspunkte der Geschichte Mosambiks deutlich werden:

Textstellen im Roman „Der Chronist der Winde“	**Geschichte Mosambiks**
„Dom Joaquim stammte aus einer der ältesten Kolonialfamilien, die Mitte des 19. Jahrhunderts von der anderen Seite des Meeres herüberkam.“ (S. 18) Gouverneure vor Ort hatten mehr oder weniger freie Hand (S.18); Verleumdungen, Wahlbetrug (S. 19), Spitzelei durch eine Geheimpolizei (S. 20).	Mosambik war von 1752 bis 1975 portugiesische Kolonie (Generalgouvernment).
„Da in den Nachbarländern dauernd Revolutionen stattfanden [...]“ (S. 20) „Während dieser Zeit in der Geschichte der Stadt [...] hatte der Kolonialkrieg auch dieses Land erreicht, als eines der letzten auf dem ganzen afrikanischen Kontinent“ (S. 21).	Unabhängigkeit der Nachbarländer: Tansania 1963 Malawi 1963 Sambia 1964 Botswana 1966 Swasiland 1968 Simbabwe 1980
„Der Krieg hatte an einem dunklen Septemberabend begonnen [...]“ (S. 22)	25.9.1964: Beginn des bewaffneten Befreiungskampfes
Revolutionäre Soldaten, die „außerordentlich zielbewusst waren und [...] ganz offensichtlich auch die Unterstützung der [...] Bevölkerung hatten.“	mosambikanische Freiheitsbewegung FRELIMO (gegründet 1962)
„viele der Kolonisatoren flüchteten Hals über Kopf“ (S. 23)	1974 ordnete die neue portugiesische Regierung den Rückzug aus Mosambik an; Ende des Unabhängigkeitskriegs.
„als die neuen Führer schließlich ihren umjubelten Einzug in der Stadt hielten“ (S. 24), neuer Präsident (S. 25), „revolutionäre Umwälzung der alten Gesellschaft“ (S. 25)	25.6.1975 Proklamation der Unabhängigkeit Mosambiks; erster Präsident wird Samora Moisés Machel, der Vorsitzende der FRELIMO; errichtet wird ein Staat nach marxistischem Vorbild.
Überfall von Banditen auf Nelios Dorf: „Sie wären gekommen, um uns von der Partei und der Regierung zu befreien, die uns jetzt beherrschte, die Partei der jungen Revolutionäre. Wenn wir uns nicht befreien lassen wollten, würde er uns alle töten.“ (S. 56)	Der Widerstand gegen die FRELIMO-Regierung sammelte sich in der bewaffneten Oppositionsbewegung RENAMO (gegründet 1976); seit 1979 Verstärkung des Guerilla-Kampfes der RENAMO; Anfang der 80er-Jahre herrschte offener Bürgerkrieg, der vor allem zu Lasten der Zivilbevölkerung ging.
„Erst in dem Jahr, als ich Nelio kennen lernte, hörte der Krieg auf, ein Friedensvertrag wurde unterzeichnet und der Banditenführer kam in die Stadt und wurde vom Präsidenten umarmt.“ (S. 33)	4.10.1992 Unterzeichnung des Allgemeinen Friedensabkommens zwischen der mosambikanischen Regierung und der RENAMO.

2.2 ❐ Der soziologische Kontext

Folgende Gesichtspunkte sollten ergänzend im Unterrichtsgespräch genannt werden und möglicherweise – sofern von den Schülerinnen und Schülern in ihrer Recherche nicht selbst entdeckt – als kleiner „Lehrervortrag“ eingebracht werden:

Das Leben Nelios und der meisten der Straßenkinder ist entweder unmittelbar durch den Bürgerkrieg zerrüttet worden oder durch seine mittelbaren Folgen, allen voran die Armut. Nachdem der Krieg etwa 15 Jahre gedauert hat, gehört Mosambik heute zu einem der ärmsten und höchst verschuldeten Länder der Erde. Auf der Homepage der Hilfsorganisation terre des hommes[1] wird die Situation so geschildert:

„Durch den Krieg wurden mehr als fünf Millionen Menschen entwurzelt, 1,7 Millionen verließen als Flüchtlinge das Land. Unzählige Familien wurden durch den Krieg zerrissen; 250.000 Kinder wurden zu Waisen, eine Million Menschen kamen ums Leben. Seit 1992 herrscht Frieden in Mosambik, doch viele Menschen glauben nicht daran: Für sie gehört der Krieg zum Leben, so wie die Armut und die Trockenheit. Die Folgen des Krieges sind allgegenwärtig. Zwei Millionen Landminen behindern den Neuanfang in Mosambik. Die Slumgürtel rund um Maputo gehören ebenso zum Erbe des Krieges wie tausende verlassene Kinder, die auf den Straßen der Hauptstadt leben.“

Die Romanfigur Nelio ist also mit seinem Schicksal ein typischer Vertreter der Kinder in Mosambik. Ihre Aussicht auf ein besseres Leben ist gering. Der Zugang zu Bildung, Ausbildung und damit qualifizierter Arbeit ist ihnen verstellt – und auch damit sind sie keine Einzelfälle. Trotz einer Kampagne der Regierung liegt der Anteil der Analphabeten bei über 60 %; durch die Kolonialzeit und den Bürgerkrieg lag sie sogar zeitweise bei über 90 %. Von dem „Straßenkinderrudel“ ist einzig Deolinda in der Lage zu lesen. Diese für Nelio und die anderen bemerkenswerte Fähigkeit versetzt die Kinder für eine kurze Zeit in die Lage, die Geschehnisse um sie herum fundierter wahrzunehmen. In einem alten Stück Zeitung liest Deolinda von einem Heimprojekt für Straßenkinder (S. 177). Allein dieses Beispiel zeigt, wie sehr Analphabeten die Möglichkeit verstellt ist, am öffentlichen Leben teilzunehmen. Ein Gedankenexperiment als Abschluss soll dieses den Schülerinnen und Schülern verdeutlichen.

- ❐ *Welche Umstände haben dazu geführt, dass in Maputo eine große Zahl von Straßenkindern lebt? Auf welche Probleme des Landes lassen sie Rückschlüsse zu?*
- ❐ *Stellen Sie sich vor, Sie würden nur einen Tag lang ihre Fähigkeit zu lesen verlieren. Welche Einschränkungen würde das für Sie bedeuten. Schreiben Sie einen kurzen Text über Ihre „Erfahrungen“.*
- ❐ *„Noch nie habe ich von einem Straßenkind gehört, das lesen kann“, bemerkt Nelio auf S. 178 des Romans. Welche Konsequenz hat das für das Leben und die Zukunft der Kinder?*
- ❐ *Wie schätzen Sie generell die Zukunft eines Landes ein, in dem derart viele Kinder auf der Straße leben? Wagen Sie Prognosen für die Bereiche Wirtschaft, Kultur und Politik.*

Notizen

____

____

____

____

____

[1] www.tdh.de

Bau- 3 stein

Straßenkinder und Entwicklungshilfe

3.1 ❒ Die Lebensbedingungen der Straßenkinder

Dieser Baustein stellt das Leben der Straßenkinder in den Mittelpunkt der Arbeit. Dazu sollen zunächst die Umstände, unter denen sie ihr Leben bestreiten müssen, zusammengestellt werden. Anhand des Kapitels „Die fünfte Nacht", in dem die einzelnen Mitglieder des „Rudels" beschrieben werden, ist anschließend eine Annäherung an die einzelnen Charaktere und ihre Lebensgeschichten möglich. Trotz dieser unterschiedlichen Charaktere vereint die Kinder ein ähnliches Schicksal:

„Sie kamen aus verschiedenen Gegenden, und alle hatten sie ihre eigene Geschichte. Einige hatten ihre Eltern in dem langen Krieg verloren, andere hatten keine Erinnerung mehr daran, dass sie je Eltern hatten. Viele waren von ihren Stiefeltern abgehauen, andere hatte man regelrecht vor die Tür gesetzt, wenn es zu Hause keinen Platz und nichts mehr zu essen für sie gab." (S. 39)

„Verwundert lauschte Nelio ihren Erzählungen und stellte fest, dass er einer der Ihren war, sie hatten die gleiche Herkunft und die gleichen Erfahrungen. In ihren Geschichten erkannte er sich selbst wieder, ebenso wie sie alle das verbrannte Dorf in sich trugen. Oft, wenn er im Bauch des Pferdes lag und auf den Schlaf wartete, dachte er, es sei, als hätte dieselbe Mutter sie alle geboren. Eine Frau, einst jung und voller Kraft, später jedoch von Banditen, von Monstern, von Armut herabgewürdigt zu einem zahnlosen, geduckten Schatten. Er wusste, dass es das war, was sie wirklich verband, nichts zu besitzen, mit Widerwillen in die Welt geboren zu sein, oder hinausgeworfen in ein Elend, das von Banditen und Monstern geschaffen worden war. Ihre Aufgabe im Leben war: zu überleben." (S. 132)

Innerhalb ihrer Gruppe leben die Straßenkinder in klaren Hierarchien: Die einzelnen „Rudel" haben abgegrenzte Reviere, die jeweiligen Anführer sind mit uneingeschränkter Macht ausgestattet. Oft kommt es zu Schlägereien mit anderen Gruppen oder der Polizei. Hervorzuheben ist jedoch auch die Fröhlichkeit, welche die Straßenkinder trotz ihres harten Lebens prägt (S. 39: „Aber sie lachten immerzu."). Auch kommt eine gewisse Originalität zum Ausdruck, mit der sie ihr Leben meistern: So züchtet Mandioca Pflanzen in seinen Hosentaschen, Alfredo Bombas Geburtstag wird im Haus eines Entwicklungshelfers – in dessen Abwesenheit, aber auf seine Kosten – gebührend gefeiert. Der Höhepunkt ist erreicht, als die Kinder glauben, das Symbol der Macht der Reichen entdeckt zu haben. Eine Eidechse, die sie in einem gestohlenen Aktenkoffer entdecken, wird fortan zu ihrem Markenzeichen, das sie bei verschiedenen Einbrüchen zurücklassen. Dabei geht es ihnen nicht um das Entwenden von Gegenständen, sondern um die rätselhaften Zeichen, die sie zurücklassen: eine gewollte Unordnung und eben jene Eidechse. Dieses Verhalten gibt ihnen ein Gefühl, das sie sonst so selten spüren: die Reichen bis hin zum Präsidenten beherrschen zu können, indem sie ihre unerklärlichen Spuren zurücklassen. Die Eidechse kann dabei als ein Symbol für die Kinder selbst gesehen werden, wie man aus einer Äußerung Josés am Ende des Romans ablesen kann: „Ich konnte überall wohnen. Wie eine Eidechse konnte ich mir einen ausreichend breiten Spalt im Gemäuer suchen." (S. 259)

Das Gefühl von Macht, das die Kinder bei ihren ungewöhnlichen nächtlichen Zügen verspüren, ist eng verwoben mit ihrem Wunsch nach Identität und Würde. Zeichenhaft für diese Werte stehen ein Personalausweis und Schuhe, wobei zumindest der Ausweis für die meisten der Straßenkinder zeit ihres Lebens ein unerfüllbarer Wunsch bleiben wird. (Näheres hierzu unter Baustein 3.3: Was braucht der Mensch zum Leben?) Die Ausweglosigkeit der Situation, in der die Kinder leben, kommt ebenso darin zum Ausdruck, dass sie es als bemerkenswerte Fähigkeit empfinden, dass Deolinda als Einzige in der Lage ist zu lesen und damit eine Fertigkeit beherrscht, die es ihr ermöglicht, in alten Zeitungen zu lesen und somit ein Stück weit am gesellschaftlichen Leben teilzunehmen. Die Aussicht auf eine Ausbildung und einen anerkannten Beruf ist für sie nicht derart unerreichbar fern wie für die anderen Kinder des „Rudels“.

Im ersten Schritt zur Erarbeitung der Lebensumstände der Straßenkinder sollen die Schülerinnen und Schüler zunächst erkennen, dass alle Kinder durch den Verlust ihres Elternhauses miteinander verbunden sind. Die Gruppe, in der sie nun leben, ist sehr wichtig für sie, denn sie ersetzt so weit wie möglich die Familie. Als Einstieg bietet sich ein gemeinsames Lesen dieser Textpassagen sowie einer Stelle auf der Seite 38f. („Das Leben der Straßenkinder war hart“ ... „wenn er aufmachen wollte.“) an, in der die Lebensumstände der Straßenkinder beschrieben werden. Sie führen ein hartes Leben ohne Aussicht auf einen Ausstieg, leben von Wasser aus den Fontänen, von altbackenem Brot, von Gestohlenem oder im Müll Gefundenem. Etwas Geld verdienen sie durch Betteln oder kleinere Arbeiten (Autos bewachen oder waschen).

- ❒ *Stellen Sie anhand der Textpassagen auf den Seiten 38f. und 132 zusammen, welche gemeinsamen Erfahrungen in der Vergangenheit und in der Gegenwart die Straßenkinder verbinden.*
- ❒ *Welchen Stellenwert hat die Gruppe/das „Rudel“ für die Straßenkinder?*

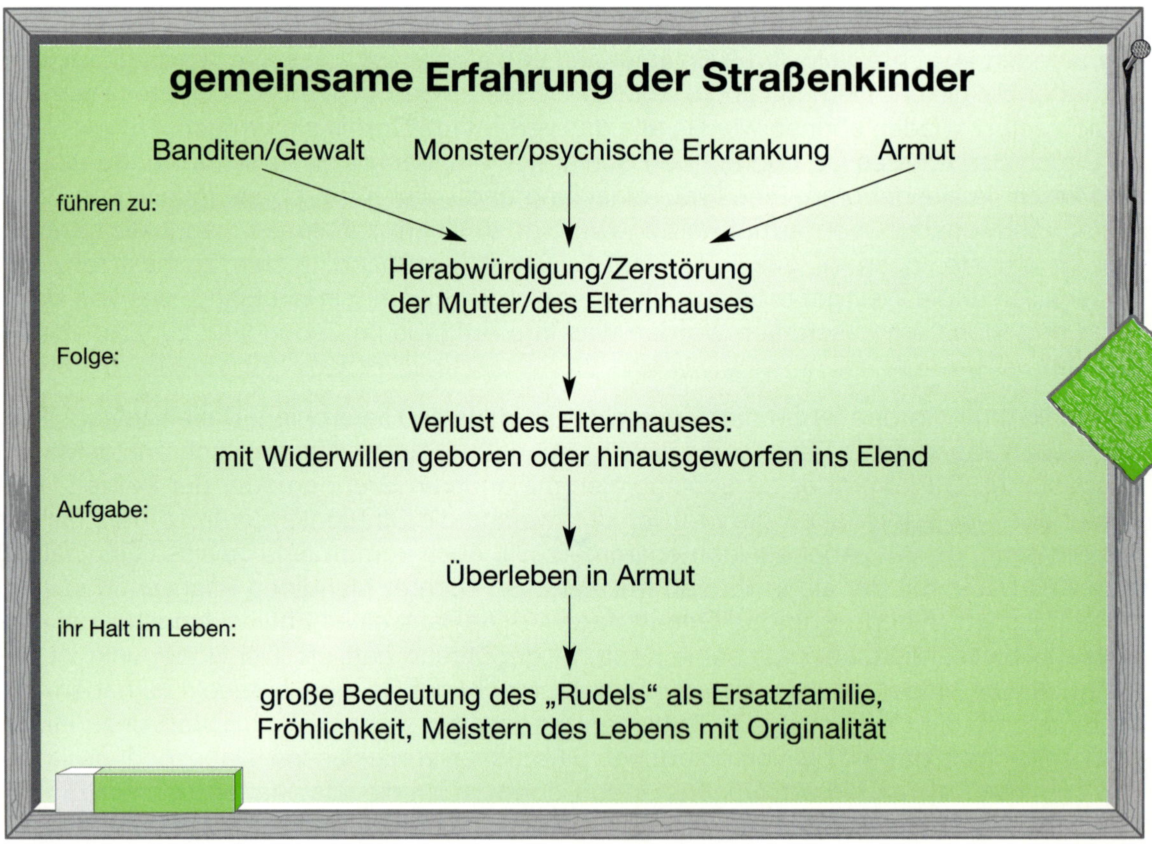

Vertiefend kann zu dieser Thematik der Text „Straßenkinder – Daten, Fakten, Hintergründe“ (Zusatzmaterial 3, S. 74) herangezogen werden, in dem von der Hilfsorganisation terre des hommes noch detailliertere Informationen über die Lebensbedingungen der Straßenkinder gegeben werden, die darüber hinaus auch mit Zahlenmaterial – allerdings hauptsächlich leider aus Lateinamerika – belegt werden.

Wichtig für die weitere Arbeit ist, dass die Schülerinnen und Schüler am Schluss dieser Arbeitsphase das Spannungsfeld zwischen elenden Lebensbedingungen einerseits und der dennoch zum Ausdruck kommenden positiven Lebenseinstellung der Kinder andererseits, die stark von der großen Bedeutung ihrer Gruppe als Lebensgemeinschaft geprägt ist, erkannt haben. Diese Erkenntnisse werden in Baustein 3.4: Entwicklungshilfe wieder aufgenommen.

3.2 ❐ Das „Rudel“

Die einzelnen Charaktere des „Rudels“ werden im Kapitel „Die fünfte Nacht“ vorgestellt. Jedes Kind trägt eine eigene Geschichte, geprägt von unterschiedlichen Gewalterfahrungen, mit sich, die zu seinem Leben als Straßenkind geführt hat. Anhand der geschilderten Charakterzüge lässt sich ablesen, wie verschieden sie auf ihre Vergangenheit reagiert haben und mit welchen Strategien sie ihr Leben zu meistern versuchen. Allen gemeinsam ist, dass jeder seine Hypothek daraus zu tragen hat: sei es eine beschränkte Intelligenz wie Tristeza, Wahnvorstellungen wie Nascimento, eine Sehnsucht und Melancholie wie Mandioca und Pecado oder ein körperliches Leiden, wie der stets fröhliche, aber einarmig geborene Alfredo Bomba und die kluge und starke, aber in ihrem Aussehen albinohafte Deolinda. Die beiden einzigen Kinder, die ihre Vergangenheit offenbar ohne deutliche psychische oder physische Schäden überstanden haben, sind die beiden Anführer des „Rudels“: zunächst Cosmos und später dann Nelio.

Wie in einer Gruppe üblich, gibt es verschiedene Sympathien und Antipathien. Es gibt die engen Freunde Tristeza und Alfredo Bomba und die eher feindselig zueinander stehenden Figuren Nascimento und Mandioca, die mit ihrem aggressiven bzw. ruhigen Charakter unterschiedlicher nicht sein könnten. Pecado, Cosmos und Nelio sind diejenigen, die mit allen Mitgliedern der Gruppe gut auskommen und somit folgerichtig die Führungsaufgaben übernehmen. Bemerkenswert ist dabei, dass sich alle drei durch eine für ihresgleichen außergewöhnliche Gewaltlosigkeit auszeichnen.

Mithilfe einer Tabelle sollen die Schülerinnen und Schüler die einzelnen Gruppenmitglieder des „Rudels“ in ihren Eigenschaften, ihrer Herkunft und ihrer Stellung innerhalb der Gruppe genauer beschreiben.

❐ *Füllen Sie die Felder der Tabelle aus. Die notwendigen Informationen dazu finden Sie auf den Seiten 122–132.*

Modell für ein Arbeitsblatt als Hefteintrag:

Das „Rudel“

Name	Eigenschaften	Schicksal	Stellung im „Rudel“
Cosmos			
Tristeza			
Mandioca			
Pecado			
Nascimento			
Alfredo Bomba			
Deolinda			
Nelio			

Das „Rudel“: Lösungsbogen

Name	Eigenschaften	Schicksal	Stellung im „Rudel“
Cosmos	Der Älteste, etwa dreizehn oder vierzehn Jahre alt; leitet sein „Rudel“ ohne Schläge, Anschreien oder unnötige Aufträge.	Mutter ist mit Deolinda vom Vater verjagt worden; wurde vom Vater geschlagen.	Anführer; Bruder von Deolinda
Tristeza	denkt nur sehr langsam; träumt von einer eigenen Bank, obwohl er noch nicht einmal rechnen kann; wünscht sich sehnlich Turnschuhe	Mutter ist am Tag nach der Geburt gestorben, Tristeza war ihr zwölftes Kind; Name für das Kind spiegelt ihre Hoffnungslosigkeit wider	ständiger Begleiter von Alfredo Bomba
Mandioca	langer, ruhiger Junge, züchtet Pflanzen in seinen Taschen, sucht sehnsüchtig seine Familie	ist auf der Flucht vor den Banditen fast umgekommen, zieht das Leben auf der Straße einem Leben im Kinderheim vor	Gegenteil zu Nascimento; freundet sich mit Deolinda an
Pecado	hat lange vergeblich gehofft, seine Mutter würde nach ihm suchen; schauspielerisches Talent, konzentriert (S. 237)	vom Vater verlassen; hat den aggressiven Stiefvater erschlagen	kommt mit allen Mitgliedern des „Rudels“ gut aus
Nascimento	klein, untersetzt, aggressiv, misstrauisch, sieht Monster	musste seinen eigenen Vater töten	Gegenteil zu Mandioca
Alfredo Bomba	der Kleinste, einarmig, fröhlich und trickreich	behindert geboren; kam mit seinem Bruder in die Stadt	Begleiter von Tristeza
Deolinda	Albino (xidjana), stark, kann lesen	ist von ihrem Vater verstoßen worden, weil sie eine xidjana ist; ihre Mutter ist mit ihr zu einer Tante geflüchtet, wo sie den Verstand verloren hat und gestorben ist, als Deolinda vier Jahre alt war	Schwester von Cosmos; freundet sich mit Mandioca an, Nascimento steht ihr zunächst feindselig gegenüber und vergewaltigt sie später, woraufhin sie das „Rudel“ verlässt
Nelio	bedacht, weise, bescheiden	Überfall auf sein Dorf, anschließend Verschleppung; konnte flüchten; hat seine gesamte Familie verloren	fügt sich in die Gruppe ein, ohne jemanden zu verdrängen; übernimmt später die Leitung des „Rudels“ von Cosmos gegen Misstrauen Nascimentos

Die Stellung der einzelnen Kinder zueinander kann vorbereitend oder vertiefend durch die Methode des Standbild-Bauens dargestellt werden. Lerngruppen, die mit dieser Methode nicht vertraut sind, kann die „Anleitung“ von Hilbert Meyer (Arbeitsblatt 2, S. 39) an die Hand gegeben werden.

Obwohl Cosmos und Deolinda im Roman zu keiner Zeit gleichzeitig Mitglieder des „Rudels“ sind, können sie im Standbild dennoch beide verkörpert werden, da sich die Beziehungen der Mitglieder untereinander nach dem Weggang Cosmos' nicht eklatant ändern.

Das Standbild spiegelt somit keinen konkreten Zeitpunkt, sondern ein generelles Beziehungsgeflecht der Kinder wider.

Die Schülerinnen und Schüler werden in möglichst zwei oder drei Gruppen aufgeteilt, damit später ein Vergleich verschiedener Standbilder möglich ist. Jede Gruppe sollte im Idealfall aus neun Mitgliedern bestehen (acht „Straßenkinder" plus ein „Regisseur"). Ist diese Gruppengröße aufgrund der Anzahl der Schüler nicht möglich, kann die Rolle des Regisseurs doppelt besetzt werden (d. h., eine Gruppe hat zehn Mitglieder) oder die Gruppe entscheidet bei einer geringeren Schülerzahl selbst, welche Straßenkinder sie darstellt. Die Schülerinnen und Schüler erhalten folgenden Auftrag:

- *Wählen Sie in der Gruppe einen Regisseur und stellen Sie das „Rudel" als Standbild dar. Jedes Kind wird dabei von einem Schüler/einer Schülerin verkörpert. Drücken Sie dabei durch die Körperhaltung die besonderen Eigenschaften des jeweiligen Kindes aus und durch ihre Stellung zueinander die Beziehungen der Kinder innerhalb des „Rudels".*

Wenn eine Schülergruppe die Positionen ihres Standbildes eingenommen hat, soll es zunächst die Aufgabe der zuschauenden Schülerinnen und Schüler sein, das Dargestellte zu beschreiben. In einem zweiten Schritt äußern sie dann Vermutungen, welches Straßenkind von welchem Schüler/welcher Schülerin dargestellt wird, und begründen ihre Zuordnung.

- *Beschreiben Sie das Standbild.*
- *Äußern Sie Vermutungen über die Zuordnung der dargestellten Personen.*

Erst im Anschluss daran löst die Gruppe die Zuordnungen auf und begründet ihre Darstellung.

- *Erläutern Sie Ihr Standbild.*

Eine dritte Möglichkeit zur Darstellung der Beziehungen der Kinder untereinander ist die Anfertigung eines Schemas, in dem die einzelnen Namen so angeordnet werden, wie die Figuren zueinander stehen. Diese Methode kann entweder alternativ zum Standbild eingesetzt werden oder dazu dienen, die Erkenntnisse der Standbilder in schriftlicher Form zu sichern.

- *Fertigen Sie ein Schaubild an, indem sie alle Namen der Straßenkinder so zueinander anordnen und möglicherweise mit Pfeilen verbinden, dass ihre Stellung im „Rudel" und ihre Beziehung zueinander deutlich werden.*

Ein Ergebnis könnte wie folgt aussehen:

Die Beziehungen innerhalb des „Rudels"

die Anführer:	Nelio + Cosmos → (Manioca + Deolinda)
der Neutrale:	Pecado
die Unterschiedlichen:	Nascimento ⟷ Manioca + Deolinda
die Kleinsten und Schwächsten:	Tristeza + Alfredo Bomba

3.3 Was braucht der Mensch zum Leben?

Die Frage „Was braucht der Mensch zum Leben?" ist für die Straßenkinder im Roman „Der Chronist der Winde" eindeutig zu beantworten: „Personalausweise [...]. Ein Papier mit einem Foto, das sagt, dass man genau der ist, der man ist, und niemand anderer." Cosmos erwidert: „[...] nicht, damit wir wissen, wer wir sind. Das wissen wir auch so. Sondern damit wir ein Papier besitzen, das uns das Recht gibt, der zu sein, der wir sind." (S. 138)

Und in einer späteren Textstelle heißt es: „Wenn [Nelio] jemand gefragt hätte, was die grundlegenden Bedürfnisse eines Menschen seien, hätte er sofort die richtige Antwort gewusst: ein Dach und ein Personalausweis. Das war es, was ein Mensch brauchte, außer Nahrung, Wasser, einem Paar Hosen und einer Decke. Dass er ein Dach überm Kopf und einen Personalausweis in der Tasche hatte, unterschied den Menschen vom Tier. Es waren die ersten Schritte in ein anständiges Leben, ein Weg aus der Armut heraus, sich ein Dach zu bauen und einen Personalausweis zu besorgen.“ (S. 158)

An nur einem Wort wird deutlich, dass für die Straßenkinder der Schritt der Unterscheidung vom Tier noch nicht geglückt ist: Ihre Gruppe wird durchgängig als „Rudel“ beschrieben, also mit einem Begriff aus der Tierwelt belegt. Der Weg aus der Armut in ein „anständiges Leben“ ist ihnen also auf lange Sicht verwehrt.

In diesem Baustein ist der Ausgangspunkt die unmittelbare Lebenswelt der Schülerinnen und Schüler. Durch eine Fantasieübung oder einen Fragebogen sollen sie sich zunächst darüber bewusst werden, welche Gegenstände ihnen selbst wichtig sind. Für die erste Möglichkeit – die Fantasieübung – ist es wichtig, dass der/die Lehrende eine entsprechend ruhige und ungestörte Atmosphäre schafft und die Schülerinnen und Schüler auf das Kommende einstimmt. Gerade Lerngruppen, die noch keinerlei Erfahrungen mit solchen ganzheitlichen Methoden haben, fällt es zu Beginn oft schwer, sich im Unterricht zu entspannen. Es hilft oft, wenn sie zuvor erfahren, was sie erwartet: eine Konzentration auf den Atem, einige Impulse, um die Vorstellungskraft anzuregen und eine Rückholung in die Realität am Ende der Einheit. Auch der Lehrer oder die Lehrerin sollte während des Vorlesens durch eine ruhige Sitzhaltung und Stimme die Entspannung ermöglichen.

- ❐ *Bitte nehmen Sie eine bequeme Sitzhaltung ein. Wenn es Ihnen angenehm ist, schließen Sie die Augen. Konzentrieren sich auf ihren Atem, spüren Sie nach, wie er tief und ruhig in den Körper hinein- und aus dem Körper herausfließt. Entspannen Sie sich. (1 Minute Stille)*
- ❐ *Stellen Sie sich nun vor, Sie gehen Ihren Weg von der Schule nach Hause. Als Sie sich Ihrem Elternhaus oder Ihrer Wohnung nähern, sehen Sie, dass es lichterloh brennt. Alle Bewohner des Hauses einschließlich der Haustiere konnten unverletzt gerettet werden. Sie wissen, dass Sie schnell noch ein einziges Mal in das Haus oder in die Wohnung hineingehen können, um drei Dinge zu retten, die Ihnen besonders wichtig sind. Gehen Sie nun in das Haus und entscheiden Sie sich spontan für drei Gegenstände. Sie verlassen das Haus unversehrt und schauen sich nun die Dinge an, die sie gerettet haben. Denken Sie einen Augenblick darüber nach, warum sie eine solch große Bedeutung für Sie haben. (2 Minuten Stille)*
- ❐ *Kommen Sie nun in die Realität zurück, indem Sie Ihren Atem wieder bewusst wahrnehmen. Ballen Sie die Hände zu Fäusten, recken und strecken Sie sich wie nach einem erholsamen Schlaf. Öffnen Sie nun die Augen.*

Nun sollte sich ein Gespräch darüber anschließen, was die Schülerinnen und Schüler aus dem Feuer geborgen haben und warum diese Gegenstände eine derartige Bedeutung für sie haben. Wenn die Lerngruppe nicht allzu groß ist, kann vielleicht reihum jeder Schüler einen geretteten Gegenstand und seinen Wert für ihn nennen. So entsteht eine kleine Übersicht.

- ❐ *Nennen Sie einige Dinge, die Sie in ihrer Fantasie aus dem Feuer gerettet haben und beschreiben Sie, welche Bedeutung diese Gegenstände für Sie haben.*

Erfahrungsgemäß werden oft Dinge mit Erinnerungswert genannt wie Fotoalben, Briefe, Plüschtiere, besondere Geschenke. Hier kann ein interessanter Vergleich mit den Wünschen der Straßenkinder ansetzen. Sie haben alle auf grausame Art und Weise auch ein Stück weit ihre Vergangenheit verloren. Die schönen Erinnerungen an ihre frühe Kindheit, die den Schülerinnen und Schülern wichtig sind, hat es entweder nie gegeben oder sie sind brutal ausgelöscht worden.

Eine Alternative zu der oben beschriebenen Fantasiereise ist das Arbeitsblatt 3 (S. 40) „Dinge, die ich brauche“ (nach: Vopel, Klaus W.: Interaktionsspiele für Jugendliche. Teil 1, Salzhausen 1999, S. 41f.), anhand dessen die Jugendlichen überprüfen können, welche Besitztümer ihnen aus welchen Gründen wichtig sind.

- *Bearbeiten Sie das Arbeitsblatt „Dinge, die ich brauche“. Dabei ist wichtig, dass Sie es in Ruhe ausfüllen, sich nicht von Ihren Mitschülern beeinflussen lassen und ehrlich sich selbst gegenüber sind.*

Im Anschluss daran sollte den Schülerinnen und Schülern wiederum die Gelegenheit gegeben werden, sich kurz über ihre Eintragungen auszutauschen. Dieses kann ebenfalls entweder in einem Paar- oder Kleingruppengespräch oder in der großen Runde geschehen.

Nun wird der Blick wieder auf den Roman geweitet. Die Schülerinnen und Schüler vergleichen ihr Verhältnis zu ihrem Besitz mit dem der Straßenkinder und werden erkennen, dass der größte Wunsch der Straßenkinder etwas für sie Selbstverständliches ist: Personalausweis, Nahrung und Wasser, *ein* Paar Hosen und eine Decke. Selbst die von Tristeza ersehnten Turnschuhe sind für viele Jugendliche nicht aus ihrem Leben wegzudenken.

- *Nehmen Sie nun den Blickwinkel der Straßenkinder im Roman „Der Chronist der Winde“ ein. Welche Antwort würden sie geben auf die Frage: „Was braucht der Mensch zum Leben?“ (Informationen finden Sie auf den Seiten 138 und 158)*

Was braucht der Mensch zum Leben?
Der Blickwinkel der Straßenkinder:

Nahrung und Wasser	→ **überlebensnotwendig**
Hose und Decke	→ **lebensnotwendig**, gegen Kälte
Personalausweis	→ **Identität**, Hoffnung auf Chancen in der Zukunft
Turnschuhe/aufgemalte Schuhe	→ **Würde,** äußeres Zeichen der Armut vermeiden

3.4 Möglichkeiten und Probleme von Entwicklungshilfe

Zum Abschluss dieses Bausteins sollen sich Überlegungen anschließen, welcher Art Entwicklungshilfe-Projekte sein müssen, die die Situation der Straßenkinder tatsächlich bessern oder ihnen ein Leben auf der Straße ersparen können.

Die Arbeit der Entwicklungshelfer wird im Roman „Der Chronist der Winde“ aus der Sicht der Straßenkinder geschildert. Sie empfinden die *„cooperantes“* als merkwürdige Menschen und können sowohl mit ihrem Verhalten als auch mit ihren Projekten nichts Rechtes anfangen. Deutlich wird dies in der Beschreibung eines dänischen Entwicklungshelfers durch die Augen der Kinder: Sie wundern sich über seine Kleidung und halten Shorts, Sandalen und Gürteltasche für eine Art Uniform. Seine Freundlichkeit und Großzügigkeit ist ihnen suspekt, ebenso wie seine überspielte, aber spürbare „Angst vor all den schwarzen Menschen, die [...] [ihn] dauernd um Geld anbettelten“ (S. 162).

Ebenso zwiespältig stehen die Straßenkinder den Hilfsprojekten gegenüber. Mandioca hat zwar für einige Zeit in verschiedenen Kinderheimen gelebt, doch er „wollte nicht baden, in einem Bett liegen und saubere Sachen zum Anziehen bekommen.“ (S. 128) Auch Deolinda hat Erfahrungen mit Projekten gemacht, aus denen sie sich jedoch schnellstmöglich wieder „herausprojektiert“ (S. 177) hat. Alle Kinder des „Rudels“ ziehen ein Leben auf der Straße vor.

Eine Schwierigkeit, vor der Projekte im Bereich der Entwicklungshilfe generell stehen, ist die Akzeptanz ihrer Arbeit vonseiten derer, denen geholfen werden soll. Ein Angebot, das aus der Sichtweise der Helfer als gut erscheint, kann in den Augen der Straßenkinder Regeln oder Lebensumstände beinhalten, die sie nicht akzeptieren können oder wollen. Hier sollen die Überlegungen der Lerngruppe ansetzen, indem die Frage diskutiert wird, welche Kriterien gelingende Hilfe für Straßenkinder erfüllen sollte.

Dazu ist zunächst von den o. g. Äußerungen der Figuren im Roman auszugehen.

❒ *Wie stehen die Kinder des „Rudels" zu der Arbeit der cooperantes und zu ihren Projekten für die Straßenkinder? Lesen Sie noch einmal auf den Seiten 128, 162 und 177 nach.*

❒ *Welche Ansprüche stellen die Kinder an ein Projekt, das sie als wirkliche Hilfe für ihr Leben empfinden?*

Zur Vertiefung dieser Problematik bietet es sich an, mit den Schülerinnen und Schülern eine Podiumsdiskussion (z. B. eine fiktive Entwicklungshilfe-Konferenz) zu gestalten. Dazu werden zunächst verschiedene Rollen verteilt, für welche die Lernenden in Partner- oder Gruppenarbeit Argumente zusammenstellen. Folgende Positionen sollten dabei vertreten sein:

❒ *Bereiten Sie Argumente für eine spätere Podiumsdiskussion aus einer der folgenden Sichtweisen vor:*
- *ein cooperante, der die Kinder auf der Straße betreut*
- *ein cooperante, der in einem Heim für Straßenkinder arbeitet*
- *ein Kind des „Rudels", das Erfahrungen in einem Projekt gesammelt hat, es aber wieder verlassen hat (Mandioca oder Deolinda)*
- *ein ehemaliges Straßenkind, das freiwillig in einem Heim lebt und dort gute Erfahrungen macht (hierzu kann auch Zusatzmaterial 4, S. 75 als Hilfe gegeben werden)*

Zu jeder der Positionen sollten nun ein oder zwei Schüler „auf das Podium" kommen, um an einer Diskussion über die Möglichkeiten und Schwierigkeiten von Projekten für Straßenkinder teilzunehmen. Im Idealfall übernimmt ein Schüler die Diskussionsleitung, der sich während der Vorbereitungsphase mit den Vertretern der verschiedenen Positionen kurzgeschlossen hat und sie entsprechend vorstellen und zu Wort kommen lassen kann.

Eine Lösung der Fragestellung über einen Problemaufriss und wichtige Gedankenanstöße hinaus ist im Rahmen einer Unterrichtsstunde utopisch. Vertiefend kann im Anschluss an die Diskussion oder auch – in Abhängigkeit von den Fähigkeiten der Lerngruppe, von sich aus einen differenzierten Blick auf das Thema zu entwickeln – zu ihrer Vorbereitung das Arbeitsblatt 4 „Maßnahmen und Projekte für Straßenkinder" (S. 41ff.) eingesetzt werden. In diesem Text werden detaillierte Überlegungen zur Arbeit in Straßenkinderheimen angestellt und anhand verschiedener Vorgehensweisen die Schwierigkeiten und der Erfolg der verschiedenen Maßnahmen dargestellt. Es wird dabei deutlich, dass die Hilfe nur in „Zusammenarbeit" mit den Kindern gelingen kann. Ein Vertrauensverhältnis ist ebenso wichtig wie einige wenige unbedingt einzuhaltende Grundregeln und ein hohes Maß an Verbindlichkeit. Mit der bloßen Bereitstellung eines Schlafplatzes, regelmäßiger Nahrung und sanitärer Anlagen kann nicht geholfen werden. Nur dann, wenn die Kinder ein familienähnliches Zusammenleben ohne Gewalt kennen lernen und Eigenverantwortung übernehmen, können sie erfolgreich ihr Leben auf der Straße hinter sich lassen. In diesem Zusammenhang kann auch auf das Zusatzmaterial 4 zurückgegriffen werden, das die Geschichte eines Ausstiegs aus dem Straßenkinderleben schildert.

Weitere Informationen zur Vertiefung sind im Internet über die Homepages der großen Hilfsorganisationen problemlos zu erhalten (z. B. www.tdh.de [terre des hommes], www.unicef.de, www.welthungerhilfe.de, www.unesco.de).

Notizen

Wie „funktioniert“ das Standbildbauen?

Baustein 3

Arbeitsblatt 2

Der Regisseur [= ein Mitglied der Gruppe] baut mit den Mitspielern das Bild Schritt für Schritt auf, indem er die Haltung der Mitspieler solange mit seinen Händen formt, bis sie die richtige Position eingenommen haben. Der Gesichtsausdruck (die Mimik) kann vom Regisseur vorgemacht und vom jeweiligen Mitspieler nachgespielt werden. Die Mitspieler müssen sich dabei völlig passiv verhalten; sie dürfen sich nicht gegen bestimmte Haltungen sperren.

Während der „Bauphase“ wird nicht gesprochen.

Wenn das Standbild fertig komponiert ist, erstarren alle Spieler für 30 bis 60 Sekunden, um sich selbst [...] in die eingenommene Haltung einzufühlen und um den Beobachtern Gelegenheit zu geben, das entstandene Bild wirken zu lassen.

Danach wird das Standbild beschrieben und interpretiert: zuerst von den Beobachtern, dann von den Spielern. Dabei kommt es vor allem darauf an, die Beziehungen zwischen den Spielern zu deuten. Man kann auch versuchen, eine Überschrift oder ein Thema zu definieren und dann den Regisseur zu fragen, ob er zustimmt.

Zum Schluss wird der Regisseur befragt, welche Absichten er beim Bau des Standbildes gehabt hat.

Wenn keine Einigkeit über die Deutung des Bildes zu erzielen ist, kann der Regisseur aufgefordert werden, das Standbild zu verändern. Ebenso gut kann ein anderer Schüler zum Regisseur ernannt werden, der dann eine Korrektur vornimmt.

Meyer, Hilbert: UnterrichtsMethoden II/Hilbert Meyer. – Berlin: Cornelsen Verlag Scriptor. 2. Praxisband – 6. Auflage 1994.

- ❐ *Stellen Sie das „Rudel“ als Standbild dar. Berücksichtigen Sie dabei sowohl Cosmos als auch Deolinda, obwohl sie nicht gleichzeitig Mitglieder des „Rudels“ sind. Das Standbild sollte keine zeitlich bestimmte Situation darstellen, sondern das generelle Beziehungsgeflecht der Kinder widerspiegeln. Wichtige Informationen dazu finden Sie im Roman auf den Seiten 122–132 und 178–186.*

Dinge, die ich brauche

Sie finden hier eine Liste von verschiedenen Dingen, die viele Leute für wichtig halten, um leben zu können, sich erfolgreich zu fühlen, um glücklich zu sein und sich wohl zu fühlen.
Unterstreichen Sie die Dinge, die Sie für sich selbst wichtig finden, und bringen Sie diese dann in eine Rangreihe, indem Sie sie der Bedeutung für Sie selbst entsprechend durchnummerieren und die Zahlen in die Kästchen einsetzen.

☐ Flugzeug	☐ Axt	☐ Fußball	☐ Bett
☐ Tennisschläger	☐ Besen	☐ Kalender	☐ Angel
☐ Staubsauger	☐ Bilder	☐ Musikinstrument	☐ Radio
☐ eigenes Haus	☐ Medizin	☐ Messer	☐ Fahrrad
☐ Telefon	☐ Schreibzeug	☐ Bücher	☐ Zahnbürste
☐ Wohnwagen	☐ Tonband	☐ Schaufel	☐ Auto
☐ Kleidung	☐ Schmuck	☐ Fotos	☐ eigenes Zimmer
☐ Bibel	☐ Uhr	☐ Fernseher	☐ Motorrad
☐ Stereoanlage	☐ Schreibtisch	☐ Waschmaschine	☐ Schuhe

Jetzt konzentrieren Sie sich auf die drei wichtigsten Besitztümer und versuchen jeweils in einem kleinen Abschnitt zu beschreiben, was Ihnen der Besitz bedeutet. Behalten Sie dabei folgende Fragen vor Augen:
Welches Bedürfnis befriedigt der Besitz?
Welche Gefühle löst der Besitz in Ihnen aus?
Von wem stammt der Besitz?
Was müssen Sie tun, ihn sich zu erhalten?
Welchen Preis müssen Sie dafür zahlen, dass Sie den Besitz erlangen bzw. ihn beständig zur Verfügung haben?
Wie würden Sie auf seinen Verlust reagieren?
Was könnte diesen Besitz ersetzen?

Notieren Sie hier die drei wichtigsten Besitztümer und die Begründungen:

1. ______________________________

____

2. ______________________________

____

3. ______________________________

____

Maßnahmen und Projekte für Straßenkinder

Vorherrschend ist, trotz aller Skandale und Kritiken der letzten drei Jahrzehnte, immer noch der repressive, staatliche Ansatz. Die Kinder werden zumeist bei Polizeirazzien von der Straße aufgelesen und mit Zwang in eine geschlossene Anstalt oder andere Fürsorgeeinrichtungen gebracht. Sie werden allgemein als geistig zurückgebliebene Delinquenten betrachtet. In den Anstalten sollen sie diagnostiziert, therapiert und rehabilitiert werden. Aus Mangel an gesellschaftlichem Interesse, politischem Willen, Geld und Fachpersonal geschieht dies in der Regel nicht. Statt dessen werden die Kinder eingeschlossen, sich selbst überlassen und von ihren Wärtern drangsaliert und sogar missbraucht. Unterdrückung und Drill ersetzen fehlende pädagogische Konzepte. Isoliert von der Gesellschaft fördern derartige „Besserungsanstalten" nur noch die weitere Entfremdung der internierten Kinder und Jugendlichen von der Gesellschaft. Verlassen von ihren Eltern, werden sie nun auch noch von der Gesellschaft aufgegeben.

Im Unterschied zu den staatlichen Verwahranstalten herrscht in den meisten kirchlichen und privaten Heimen ein humanistisch-assistenzialistischer Ansatz. Ausgehend von den Grundbedürfnissen der auf der Straße Lebenden bietet man ihnen einen sicheren Schlafplatz oder die Behandlung einer akuten Krankheit an. Darüber hinaus zumeist noch eine warme Mahlzeit und Dusche. Schul- oder Ausbildungsprogramme sind selten, Erholung und Freizeitgestaltung gibt es gar nicht. Man geht hier davon aus, dass die Kinder entweder vom rechten Weg abgekommen sind oder von einer unmenschlichen Gesellschaft vernachlässigt werden. Der engagierte Einsatz von (zumeist europäischen) Geistlichen und Aussteigern für Straßenkinder entspringt zumeist einer karitativ-paternalistischen Motivation. Hier wird im vermeintlichen „Interesse des Kindes" und unter hohem persönlichen Einsatz gehandelt. Aber nur selten werden die Betroffenen an den Planungen und Aktionen beteiligt. Dieser engagierte, aber letztlich assistenzialistische Ansatz kann zwar häufig die Vaterperson ersetzen, aber es befähigt das Kind nicht zu einem selbstbestimmten Leben. Einen Schritt weiter, allerdings innerhalb des gleichen Grundkonzeptes, gehen die geschlossenen Heime, die sich teilweise in regelrechte (Um-)Erziehungsanlagen entwickelt haben. Untersuchungen [...] zeigen allerdings, dass nur in Einzelfällen eine echte Resozialisierung gelang. Der inselartige Charakter des Projekts, fernab von der „bösen Gesellschaft", fordert die Institutionalisierung der (ehemaligen) Straßenkinder und produziert Jugendliche, die – über Jahre von der „normalen" Gesellschaft isoliert – nach ihrer Entlassung mit dem Alltagsleben nicht mehr zurechtkommen. [...]

Ein Versuch, die nachteiligen Formen der Isolation zu vermeiden, aber am Prinzip einer humanistisch-karitativen Hilfe festhaltend, sind die offenen Straßenkinderzentren. Meist in der Nähe der Lebensräume der gamines bieten sie diesen elementare Dienstleistungen wie Essen, Schlafen und Waschen an, aber ohne darauf zu drängen, dass die Kinder sich verändern, ihr Straßenleben aufgeben. Zwar gibt es das Verbot, Drogen zu konsumieren, aber der Verstoß wird kaum sanktioniert. Als Modell einer direkten Soforthilfe lassen sich diese Projekte dem fernen Spender gut verkaufen. Nützen tun sie nichts. In diesen Projekten hat sich das Phänomen der „tingelnden Projektkinder" eingestellt: Gefrühstückt wird im Projekt A, zu Mittag gegessen im Projekt B, wo es gerade ein Stück Fleisch oder Huhn gibt, den Nachmittag und Abend über hält man sich wie üblich auf den Plätzen und in den Parks auf, und geschlafen oder auch mal geduscht wird im Projekt C. Die jüngeren, in der Regel noch recht pfiffigen Kinder erkennen schnell die Vorzüge dieses offenen, sie nicht fordernden Projekttyps. Ohne sich wirklich verändern zu müssen, entbindet er sie so mühseligen Aufgaben wie Essens- und Schlafplatzsuche.

Aus der Kritik an den klassischen Heimprojekten heraus entstanden, entwickelt sich in den 80er-Jahren der partizipatorische Ansatz, ein Modell offener Projektarbeit mit einem Mehrstufenprogramm für vier- bis 16-jährige Straßenkinder.

In der ersten Phase bemühen sich die Straßenerzieher (streetworkers) eine Beziehung zu einer bestimmten Gruppe von Kindern aufzubauen. In dieser Etappe ist es wichtig, sich klar zu machen, dass ihr soziales Auftreten von ganz eigenen Erfahrungen und Faktoren bestimmt wird. Eine Untersuchung der bolivianischen Psychologin Ana Eugenia Chevarria ergab, dass gamines ihre Aktivitäten mit den für sie zentralen Verben „stehlen und betteln“ beschreiben, gefolgt von „schnüffeln – trinken – schlafen – umherlaufen – essen – spielen – arbeiten“.

Unabhängig von der gesellschaftlichen Bewertung dieser Tätigkeiten scheinen sie das Leben der Kinder auf der Straße zu bestimmen und definieren damit auch ihre Identität bzw. Subkultur. Projekte, die diese Identität mit einem neuerlichen Gewaltakt brechen wollen, scheitern. Die Veränderung identitätsbildender Paradigmen kann nur vorsichtig und langfristig vor sich gehen.

Es dauert in der Regel einige Zeit, bis ein Vertrauensverhältnis zwischen streetworker und gamin aufgebaut ist und die Kinder akzeptieren, einen festen Treffpunkt aufzusuchen. Das ist meist ein Haus im zentrumsnahen Bereich, wo sie zu essen bekommen, ärztlich versorgt (u. a. Drogenentzug) werden, juristischen Beistand erhalten und betreut wohnen. Im Prinzip gibt es für diese 2. Etappe nur einige wenige, aber klare Regeln:

- die Erzieher, das Programm und seine Einrichtungsgegenstände respektieren,
- keine Gewalt anwenden, sich untereinander respektieren,
- kein Diebesgut in das Haus mitbringen,
- keine Drogen einnehmen.

Wer dies durchhält und im Verlauf einiger Monate von sich aus den Wunsch äußert und den Willen zeigt, sich vom Straßenleben zu lösen, dem wird der Eintritt in die nächste Phase ermöglicht. Von zentraler pädagogischer Bedeutung in dieser Etappe ist die Anerkennung der Identität und des Freiheitsgefühls der Straßenkinder. Die Erfahrung zeigt, dass fremde, sie überfordernde Regeln ihr im Straßenleben geformtes „Ich“ zerstören, weshalb dann, verständlicherweise, die Mehrheit wieder abspringt.

Die dritte Etappe befindet sich zumeist in einem Haus in einem Volksviertel (barrio popular), in dem eine Gruppe von zwölf bis 15 Straßenkindern mit zumindest vier sich turnusmäßig abwechselnden Erziehern beiderlei Geschlechts wohnt, erzogen und unterrichtet wird. Drogentherapie und Sexualaufklärung sind zwei wesentliche Elemente dieser Etappe. Im Prinzip geht es darum, den Kindern eine intakte Familie vorzuleben, ihnen deutlich zu machen, dass Familie nicht gleichzusetzen ist mit schlagenden Vätern, betrunkenen Müttern und sich selbst überlassenen Kindern. Parallel wird bei noch nicht so lange auf der Straße lebenden Kindern versucht, sie in die Ursprungsfamilie zu reintegrieren oder zumindest wieder eine akzeptable emotionale Beziehung zwischen Eltern und Kind herzustellen. Aufgrund der gewalttätigen, leidvollen Vergangenheit dieser Beziehung ist dies nur selten möglich. Die Erfolgsrate liegt bei etwa 15 Prozent. Normalerweise dauert der Aufenthalt in dieser Etappe mehrere Jahre. Aggressivität soll abgebaut, Lebenswille und Selbstständigkeit aufgebaut werden. Zusätzlich zu den schon in der 2. Etappe gültigen Regeln kommt in der 3. Etappe hinzu, Eigenverantwortung zu übernehmen und Selbstdisziplin einzuüben, also zum Beispiel zu lernen Zeiten und Absprachen einzuhalten. Pädagogisches Ziel dieser Etappe ist es, von Monat zu Monat die Mitbestimmung, Mitwirkung und Mitverantwortung der Kinder und Jugendlichen zu erhöhen. Das konzeptionelle Schlüsselwort in Projekten mit betreutem Wohnen ist die „Selbstverwaltung“ [...].

Die vierte und letzte Stufe besteht aus eigenverantwortlichen Zweier-Wohngruppen, denen eine qualifizierte Berufsausbildung und Unterstützung bei der anschließenden Arbeits- und Wohnungssuche angeboten wird. Eine Begleitung durch die Erzieher/innen findet nur noch sporadisch oder in Konfliktsituationen statt.

Eine Impaktstudie mit zwei Gruppen, die in den vergangenen Jahren diese Erfahrung im von terre des hommes finanzierten Straßenmädchenprojekt Oqharikuna in La Paz/Bolivien abgeschlossen haben, ergab, dass nur zehn Prozent der Abgängerinnen zum Leben auf der Straße zurückkehrten. Weitere zehn Prozent behielten Beziehungen zur Straße, kehrten aber auch nicht vollständig zurück. 80 Prozent gelang es, stabile Lebensformen zu entwickeln und dank des im Projekt Erlernten sich in den Arbeitsmarkt zu integrieren. Den beiden Elementen „Selbstvertrauen“ und „Arbeit“ kommt, auch in der Reflexion der Jugendlichen, der mit Abstand größte Stellenwert zu. 80 Prozent bestätigen, dass sie aufgrund der qualifizierten handwerklichen Ausbildung und erlernten Selbstdisziplin anschließend eine „gute Arbeit“ gefunden und behalten haben. (Fundación La Paz, 1997)

Mit der Ratifizierung der UN-Kinderrechtskonvention durch die nationalen Parlamente greifen Anfang der 90er-Jahre viele der partizipativen Straßenkinderprojekte das Thema „Kinderrechte“ auf. Zum einen, indem sie Kurse und Veranstaltungen anbieten, wo über die Rechte der Kinder informiert wird, und zum anderen im Sinne einer Lobbyarbeit für sozial benachteiligte Kinder gegenüber staatlichen Stellen.

In Anlehnung an jene Artikel der Konvention, die das Recht auf Mitgestaltung und auf eigenständige Organisationen der Kinder festschreiben, fördern mittlerweile einige wenige Institutionen auch gezielt einen Prozess der Selbstorganisation der Straßenkinder.

Quelle: terre des hommes

- ❒ *Beschreiben Sie Schwierigkeiten und Möglichkeiten von Hilfsprojekten für Straßenkinder.*
- ❒ *Welche Kriterien muss ein Projekt erfüllen, damit es Aussicht auf Erfolg hat?*

Baustein 4

Der Zwerg Yabu Bata und die Bedeutung des Träumens

4.1 ❒ Die Bedeutung des Träumens – persönliche Überlegungen der Schülerinnen und Schüler

Inwiefern prägen Träume unsere Lebenswirklichkeit? Einerseits werden sie als unrealistisch abgetan in unserer auf maximale Leistung und Gewinn ausgelegten Gesellschaft. Wenn jemand als „Träumer“ bezeichnet wird, dann ist das kein Kompliment, sondern eher eine Bezeichnung für einen langsamen Fantasten, der es schwer haben wird, seinen Platz im Alltag zu finden und sein Leben unter dem Blickwinkel der Effektivität erfolgreich zu bestreiten. Andererseits sind Träume im Sinne von Zielvorstellungen und Wünschen der Motor unseres Tuns. Wer kein Ziel vor Augen hat, dessen Handeln bleibt oft antriebs- und planlos. Gerade für Oberstufenschüler, die den Abschluss ihrer Schullaufbahn in baldiger Zukunft sehen, sind Träume von ihrer Zukunft – Ausbildung, Partnerschaft, Wohnortwechsel – oft sehr prägend. Die grundlegende Eigenschaft solcher Träume ist, dass ihre Realisierung noch in Frage steht. Die Jugendlichen leben in dieser Spannung zwischen dem Gefühl, dass ihnen alle Möglichkeiten noch offen stehen, und der Ungewissheit, ob sich ihre Vorstellungen tatsächlich verwirklichen lassen.

Hier setzt die Arbeit dieses Bausteins an. Der Einstieg in diesen Unterrichtsabschnitt kann auf unterschiedliche Weise geschehen: Die erste Möglichkeit ist das Anfertigen eines Clusters (im Gegensatz zur Mind Map eine noch unstrukturierte Sammlung von Assoziationen) an der Tafel oder nach Möglichkeit auf einer Overhead-Folie. Letzteres Medium bietet den Vorteil, dass das fertige Cluster aufbewahrt und später (im Baustein 4.2) zum Vergleich mit den Bedeutungsweisen des Motivs „Traum“ im Roman herangezogen werden kann. Ausgehend von dem Begriff „Träume“, der in die Mitte der Tafel oder der Folie geschrieben wird, ergänzen die Schülerinnen und Schüler ihre Assoziationen mit dem Begriff.

❒ *Äußern Sie alle Assoziationen, die Ihnen zu dem Begriff „Traum“ einfallen (oder notieren Sie sie an der Tafel). Lassen Sie alle Äußerungen zunächst unkommentiert.*

Im Anschluss daran sollte im Gespräch thematisiert werden, welchen Stellenwert Träume tatsächlich im Leben der Schülerinnen und Schüler einnehmen. Leitfragen hierzu könnten sein:

❒ *Wie gehen Sie damit um, wenn Sie schlecht oder gut geträumt haben? Machen Sie sich am Morgen nach dem Aufwachen Gedanken darüber, was Ihre Träume bedeuten könnten?*

❒ *Haben Sie einen Lebenstraum/einen großen Traum, den Sie unbedingt verwirklichen wollen oder bereits verwirklicht haben?*

❒ *Wie wichtig ist Ihnen die Möglichkeit, dass Sie Ihre Träume verwirklichen können?*

Als alternative Möglichkeit des Einstiegs oder auch als weitere Gesprächsanregung können bekannte Sprichwörter dienen, die sich mit dem Träumen befassen. Einige Sinnsprüche sind auf dem Arbeitsblatt 5, S. 50 vorgegeben; sie können nach Belieben ergänzt werden. Das Arbeitsblatt wird vom Lehrer oder der Lehrerin kopiert und in einzelne Kärtchen mit je einem Spruch zerschnitten. Nach Belieben können sie auch auf große Kartonbögen geschrieben werden. Diese Bögen oder Kärtchen werden nun an verschiedenen Stellen des Klassenraumes aufgehängt oder ausgelegt. Die Schülerinnen und Schüler bekommen dann folgenden Auftrag:

❒ *Gehen Sie zunächst eine Weile schweigend im Raum umher und sehen Sie sich alle ausgelegten Kärtchen an.*

Wenn alle Schülerinnen und Schüler die Sprüche gelesen haben, werden sie aufgefordert:

- *Stellen Sie sich jetzt zu dem Kärtchen, dessen Text Sie am meisten anspricht.*
- *Nun haben Sie einige Minuten Gelegenheit, sich mit den Mitschülern auszutauschen, die das gleiche Sprichwort gewählt haben. Sprechen Sie kurz über die Gründe für Ihre Wahl.*

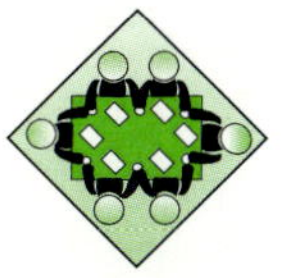

Nach einigen Minuten setzt die letzte Phase dieser Übung ein:

- *Schauen Sie sich nun im Raum um. Wählen Sie einen Ihrer Mitschüler/innen aus, von dem/der Sie gerne wissen möchten, warum er oder sie „sein“ bzw. „ihr“ Sprichwort gewählt hat. Verständigen Sie sich kurz per Blickkontakt und treffen Sie sich dann zu einem kurzen Gespräch an einer Stelle im Raum.*

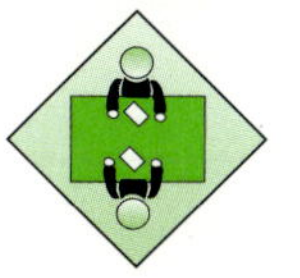

Nach einigen Minuten werden alle Schülerinnen und Schüler gebeten, sich wieder auf Ihre Plätze zu setzen. Es folgt ein kurzer Austausch über die Übung in der Großgruppe. Gesprächsanregungen könnten sein:

- *Was ist mir über den Stellenwert von Träumen in meinem Leben bewusst geworden?*
- *Ist mir die Auswahl für ein Sprichwort leicht gefallen?*
- *Haben andere aus den gleichen Gründen „ mein“ Sprichwort gewählt oder waren die Gründe sehr unterschiedlich?*
- *Wie verlief das Gespräch mit dem Mitschüler/der Mitschülerin, die ein anderes Sprichwort gewählt hat?*

4.2 ❒ Die Bedeutung des Träumens – ein Leitmotiv im Roman

Das Motiv des Träumens zieht sich leitmotivisch durch den gesamten Roman. Stellt man die Textstellen zusammen (Arbeitsblatt 6, S. 51), erkennt man, dass sich das Motiv nicht auf eine Hauptfigur beschränkt, sondern das Handeln aller Personen – Josés, Yabu Batas sowie Nelios und der anderen Straßenkinder – prägt. Dabei trägt der Begriff verschiedene Konnotationen, die seine zentrale Bedeutung stützen. Träume sind im Roman „Der Chronist der Winde“ zugleich Träger von Erinnerung und Wegweiser für die Zukunft, sie sind göttliche Zeichen und Kulmination zutiefst menschlicher Wünsche und Hoffnungen. Dabei spielen sie beileibe keine Nebenrolle, sondern bewirken tief greifende Veränderungen im Leben der Menschen. Am deutlichsten wird dieser Einfluss am Beispiel Yabu Batas, dem im Folgenden noch eine eigene Einheit gewidmet sein wird (Baustein 4.3: Der Zwerg Yabu Bata und der Traum vom rechten Pfad). Dabei scheint es zunächst einmal unerheblich zu sein, ob eine Chance auf das Wahrwerden der Träume besteht. Lediglich an einer Textstelle gegen Ende des Romans wird berichtet, dass Nelio böse wird und Tristeza in seine Schranken weist, weil dieser davon träumt, eine Bank zu gründen, die geistigen Fähigkeiten dazu aber keineswegs aufbringt. Dieser Traum hat in den Augen Nelios keine positive Kraft mehr. Vielmehr illustriert dieser „dumme“ Traum die Aussichtslosigkeit der Situation, in der die Kinder leben, allzu deutlich, da er ewige Utopie bleiben wird. Anders die Art der Träume, die an Vergangenes erinnern, eine Verbindung zu den Ahnen oder Göttern herstellen oder, wie der Traum vom Personalausweis, zwar zunächst auch unerfüllbar scheinen, doch durch die darin zum Ausdruck kommende Hoffnung eine Kraft zum Weiterleben sind. („Er dachte, die Träume würden immer weiterleben, wie schwer ihr Leben auch sein mochte. In einem jeden gab es einen Kern, der so stabil und kostbar war wie ein Diamant. Das war der Traum von [...] einem Personalausweis.“ (S. 158)) Es zeigt sich damit deutlich, welche prägende Rolle den Träumen für das Leben der Menschen zugeschrieben wird.

Ausgehend von den sehr persönlichen Überlegungen der Schülerinnen und Schüler im ersten Teil dieser Einheit soll nun die Bedeutung des Träumens im Roman „Der Chronist der Winde“ untersucht werden. Es ist recht mühselig, wenn die Schülerinnen und Schüler die entsprechenden Textstellen selbst zusammentragen sollen, da sie nahezu den gesamten

Roman durchforsten müssten. Effektiver ist der Einsatz des Arbeitsblattes 6 (S. 51), auf dem die zentralen Passagen zusammengestellt sind. Die Lerngruppe bekommt folgenden Auftrag:

❑ *Stellen Sie anhand der Textausschnitte zusammen, welche verschiedenen Bedeutungen das Motiv des Träumens für die Figuren in Mankells Roman hat.*

Ein solches Tafelbild, das wie in der Einstiegsphase (4.1) als Cluster oder Ideenstern angelegt ist, sichert die Ergebnisse:

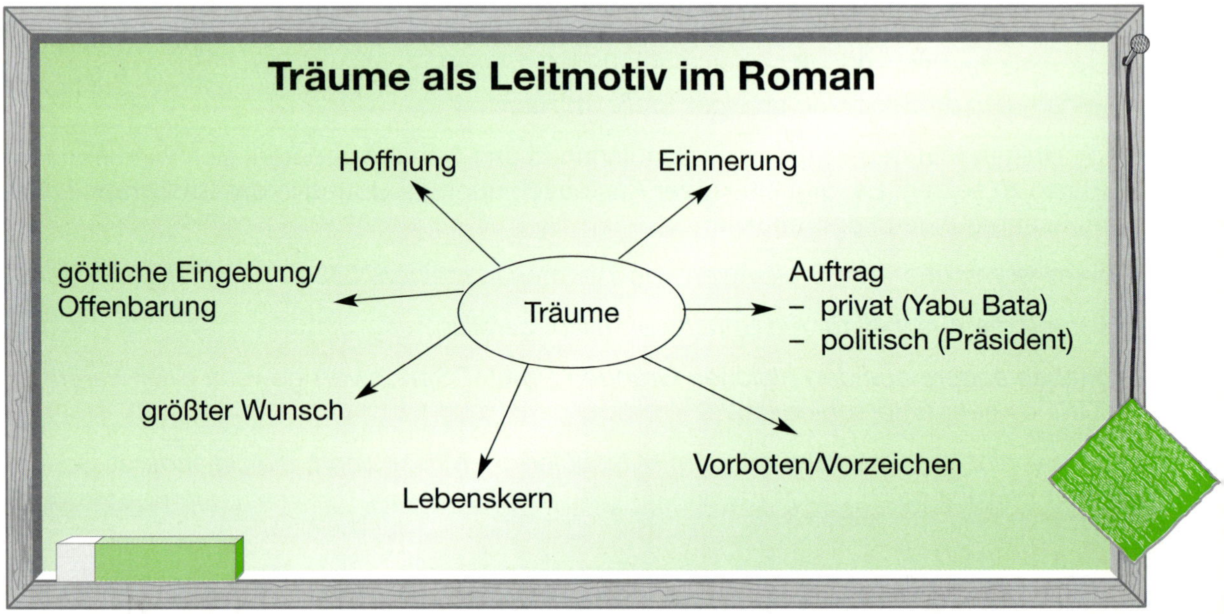

Als Abschluss sollte ein Rückgriff auf die persönlichen Überlegungen der Schülerinnen und Schüler aus Baustein 4.1 stattfinden:

❑ *Vergleichen Sie den Stellenwert, den Träume in Ihrem eigenen Leben einnehmen, mit ihrer Bedeutung im Roman.*

4.3 ❑ Der Zwerg Yabu Bata und der Traum vom rechten Pfad

In besonderer Weise tritt die Bedeutung des Träumens in der Begegnung Nelios mit dem zwergenhaften Albino Yabu Bata zutage, der aufgrund eines Traumes von seinem „rechten Pfad“ vor 19 Jahren sein altes Leben mit Familie und Beruf aufgegeben hat und seitdem als Suchender umherzieht.

Yabu Bata ist eine seltsame, märchenhaft anmutende Figur, die in der Erzählung Nelios lediglich in der dritten Nacht auftritt und im weiteren Fortgang der Handlung ab und an als Erinnerung erscheint (S. 99, 154, 169, 191, 216). Die skurrile Figur ist durch die detaillierte Beschreibung für die Schülerinnen und Schüler auffällig und einprägsam. Nach den realistischen Schilderungen des Überfalls auf das Dorf, in dem Nelios seine frühe Kindheit verbracht hat, der Gräueltaten der Banditen und Nelios Flucht scheint der Leser hier in eine andere, märchenhafte Welt einzutauchen. So ist allein das Äußere der Figur – zwergenhafter Wuchs, weiße Haut, blonde Haare, kurze Gliedmaßen und große Ohren – geeignet, ihn eher in einem Fantasy-Roman anzusiedeln. So meint Nelio zunächst auch, einen weißen Löwen zu entdecken, und erkennt erst auf den dritten Blick, dass Yabu Bata ein Mensch ist. Sein sonderbarer Geruch und seine Lebensgewohnheiten sowie der seltsame, nahezu leere Koffer, den er mit sich herumträgt, tun ihr Übriges dazu. Die Kommunikation mit Nelio ist bestimmt von Yabu Batas Launen; nur wenn ihm der Kopf danach steht, lässt er das Kind an seinen seltsamen Weisheiten teilhaben. Dennoch ist er für Nelio eine wichtige Figur, denn nur durch Yabu Bata findet dieser den Weg in die Stadt, die fortan sein Zuhause werden soll.

Ziel der Beschäftigung mit den Textpassagen, die von Yabu Bata handeln, ist, dass die Schülerinnen und Schüler die Gratwanderung in dieser Schilderung zwischen Fiktion und Realität erkennen, in der nichts wirklich unmöglich und doch alles seltsam ist. Sie sollen die Funktion der Figur des Zwergs in seiner ihm eigenen Weisheit begreifen: Er wird für Nelio zum Wegweiser und zum Ratgeber; er eröffnet Nelio eine neue Welt, indem er ihn zum Meer führt und ihm den Weg zur großen Stadt weist. Damit ist er in gewisser Weise auch Wegbereiter für Nelios eigene Weisheit. Am Rande sei bemerkt: Als kleine, blonde, auf seine eigene Weise kluge Gestalt erinnert er ein wenig an eine Karikatur von Saint-Exupérys „Der kleine Prinz“.

Die methodischen Entscheidungen leiten sich davon ab, dass die Figur Yabu Bata sehr detailliert aus der Perspektive Nelios beschrieben wird. Der Leser lernt ihn in den wenigen Tagen, welche die beiden miteinander unterwegs sind, recht gut kennen. Der Textbefund eignet sich daher dazu, von den Schülerinnen und Schülern eine Charakterisierung Yabu Batas anfertigen zu lassen oder mit dem *Arbeitsblatt 7* (S. 52) zu arbeiten. In beiden Fällen ist es sinnvoll, die Arbeit als vorbereitende Hausaufgabe zur Stunde anfertigen zu lassen.

Die Schülerinnen und Schüler bekommen also zunächst den Auftrag, Yabu Bata genau zu beschreiben. Leistungsstärkere Gruppen können zur Vorbereitung auf die Unterrichtsstunde eine schriftliche Charakterisierung des Zwergs anfertigen.

❒ *Verfassen Sie eine Charakterisierung Yabu Batas. (Informationen finden Sie im Roman auf den Seiten 73–87.)*

Alternativ hierzu kann das Arbeitsblatt eingesetzt werden, welches eine Systematisierung der Informationen bereits vorgibt. Die Spalte „Wertung der Figur“ kann zunächst offen gelassen und nach dem anschließenden Unterrichtsgespräch gemeinsam ausgefüllt werden.

❒ *Füllen Sie das Arbeitsblatt 7 „Yabu Bata“ aus. Die entsprechenden Informationen finden Sie im Roman auf den Seiten 73–87.*

An die Besprechung der Beschreibung und Charakterisierung Yabu Batas sollte sich nun im Unterrichtsgespräch die Frage anschließen, für wie realistisch die Schülerinnen und Schüler die Figur halten. Im Idealfall ist diese Frage aufgrund der Sonderbarkeit des Zwergs von den Lernenden selbst bereits aufgeworfen worden.

❒ *Wie beurteilen Sie die Figur Yabu Bata: Handelt es sich um eine realistische oder um eine märchenhafte Figur?*

Die Schülerinnen und Schüler werden feststellen, dass es trotz aller seltsamen Eigenschaften und Verhaltensweisen in der Beschreibung keinen Punkt gibt, der völlig unmöglich ist und die Figur aus der Realität herausrückt. Das einzig Mystische, nämlich die Vermutung, dass Albinos Gedanken lesen könnten und ewig leben würden, wird von Nelio in ihn hineininterpretiert (S. 78).

An dieser Stelle bietet sich eine produktive Schreibaufgabe an, die diesen Gedanken aufnimmt und durch einen Perspektivwechsel verdeutlicht. Indem die Begegnung mit Nelio nun aus der Sicht des Albinos geschildert werden soll, wird vermutlich deutlich, dass auch der Zwerg den kleinen schwarzen Jungen als seltsame Gestalt wahrnimmt. Die Frage danach, welches Verhalten und welcher Lebensstil als „normal“ gelten, wird sich möglicherweise als sehr relativ erweisen.

❒ *Schildern Sie die Begegnung und einige Episoden aus der gemeinsam verbrachten Zeit der Wanderung aus der Perspektive Yabu Batas.*

Besonderes Augenmerk sollte nun noch einmal auf die vorletzte Kategorie der Tabelle gelegt werden (Bedeutung Yabu Batas für Nelio), von der ausgehend folgende Frage thematisiert werden kann:

❒ *Welche Bedeutung erfüllt die Figur Yabu Bata für den Fortgang der Handlung?*

Die Schülerinnen und Schüler werden feststellen, dass Yabu Batas Aufgabe mit seiner Trennung von Nelio erfüllt ist. Er war in gewisser Weise Nelios Retter und sein Wegweiser in die

Stadt. Er hat Nelio vor Augen gehalten, welche Macht Träume haben und dass es nur zwei Wege im Leben gibt: den Weg ans Ziel und den Weg der Torheit, der ins Verderben führt. (vgl. S. 154) An diese Weisheiten erinnert Nelio sich später zurück, was ihre Bedeutung für ihn zeigt (z. B. S. 99, 154). Nach dem Abschied Nelios von Yabu Bata verliert sich dessen Spur. Der Leser verfolgt das Leben Nelios weiter und wird ebenso wenig wie dieser je erfahren, wie das Leben des Albinos weiter verläuft. Hier setzt die zweite Arbeitsphase dieser Einheit an. In einer produktiven Schreibaufgabe sollen die Schülerinnen und Schüler den Yabu Bata-Handlungsstrang aufnehmen und weiterschreiben.

- *Verfassen Sie eine Fortsetzung des Yabu Bata-Handlungsstrangs: Wie verläuft seine Geschichte nach der Trennung von Nelio weiter?*

Die Lösungen der Schülerinnen und Schüler werden sicherlich unterschiedlich ausfallen. Es ist denkbar, dass Yabu Bata seinen Weg findet, aber auch, dass er ewig weiterirrt. Eventuell entwickelt ein Schüler auch die Möglichkeit, dass der Zwerg irgendwann unverrichteter Dinge zu seiner Familie zurückkehrt. Hier wäre zu diskutieren, welchen Sinn seine Wanderung dann gehabt hat und welche Bedeutung das Verfolgen seines Traumes dennoch für ihn hatte.

4.4 ❒ José und der Preis für sein Leben als „Chronist der Winde“

Ebenso wie Yabu Bata muss auch der Bäcker José für die Erfüllung seines Lebens„traums“ einen hohen Preis bezahlen. Er spürt tief im Innern, dass er als „Chronist der Winde“ Nelios Geschichte weitererzählen muss, ohne dass dieser ihn je explizit darum gebeten hätte oder ein anderer äußerer Anlass dazu geführt hätte. José muss sich zur Umsetzung dieses Lebensentwurfs von seinem alten Leben trennen, d. h. sich von der Familie seines Bruders, bei der er bis dahin gewohnt hat, lösen, seinen Beruf aufgeben und auf eine Liebe mit der schönen und tüchtigen Teigmischerin Maria verzichten.

Auf Anhieb hat José sich in Maria verliebt und genießt das Zusammensein mit ihr, obwohl es zunächst zu keiner Beziehung kommt:

„Kann man den Schritten eines Menschen anhören, dass er verliebt ist? Wenn das so ist, und das glaube ich, muss Maria gemerkt haben, dass mein Herz schon für sie glühte, als ich am zweiten Abend, an dem wir gemeinsam Dona Esmeraldas Brot backen sollten, in die Bäckerei kam.“ (S. 171)

Doch Maria stellt für José eine Gegenwelt zu seinem Leben als Chronist der Winde und zu seinen Erfahrungen mit Nelio dar. Er kann sie nicht zur Frau nehmen und seine Zukunft mit ihr verbringen, da er ihr nicht zumuten will, ein Leben an der Seite eines Bettlers zu führen, zu dem er zwangsläufig durch seine Entscheidung wird. Ein Jahr später sieht er Maria wieder: Sie hat offensichtlich einen anderen Mann gefunden und erwartet ein Kind von ihm.

Wie unvereinbar für José die Nelio-Welt und die Maria-Welt sind, zeigt sich darin, dass er zwar gerne die Verantwortung und die Sorge um Nelio mit jemandem teilen würde, jedoch auch Maria gegenüber sein Geheimnis bewahrt. Auch umgekehrt erzählt er Nelio nichts von Maria. („Ich wünschte, ich hätte ihr von Nelio erzählen können. [...] Aber ich habe ihr nichts gesagt. Auch Nelio gegenüber habe ich ihren Namen nie erwähnt.“ (S. 173)) Die beiden verkörpern für José zwei völlig unterschiedliche Realitäten, was sich auch darin zeigt, dass Maria das Erdbeben nach Nelios Tod nicht wahrnimmt – ihr fehlt offensichtlich eine entsprechende Sensibilität für derlei übersinnliche Vorgänge (siehe Baustein 5.3: Nelios Sterben und die Apokalypse).

In einer längeren Textpassage (S. 171 – 173) führt José aus der Rückschau heraus aus, warum er sich nicht für das Leben mit Maria entscheiden konnte. In einer Klausur hat eine Schülerin die Essenz dieser Passage so formuliert: „Ich denke, es war José nicht möglich, Maria in sein Leben mit Nelio hineinzubringen, da er befürchtet haben mag, dadurch beide Leben zu verwischen: Er würde kein sorgloses, leichtes Leben mehr haben, da Maria auch von Nelio wüsste und Verantwortung und Sorge mittrüge, und kein konzentriertes, bewusstes Leben mehr mit Nelio, da Marias Anwesenheit ihn ablenken würde."

Josés Trauer über das verpasste Leben mit Maria wird jedoch gemindert durch seine Erinnerung an Maria und seine Hoffnung, dass ihm die Aussicht auf ein solches Wiedersehen mit ihr den Tod erleichtern wird. (S. 172)

Sprachlich ist der Textauszug zunächst strukturiert durch chronologische Zeitangaben an den Abschnittsanfängen („Heute", „Es war", „Danach", „Doch später"), die dann aber von Verben wie denken, hoffen oder glauben an den Satzanfängen abgelöst wird („Ich glaube" (drei Mal), „Ich hoffe", „Ich wünschte", „Ich dachte"). Nachdem José zunächst seinen Erinnerungen an die schöne Zeit mit Maria nachgehangen ist, werden diese Gedanken durch ein klares „Aber" beendet („Aber so ist es nicht gekommen" (S. 171)). Kurz darauf nimmt er die schönen Erinnerungen jedoch als endgültig vergangen an – angezeigt durch ein zweifaches „obwohl" („Obwohl unsere gemeinsame Zeit kurz war und obwohl ich nie erfuhr, ob meine Gefühle von Maria erwidert wurden, bewahre ich die Erinnerung an sie als die größte Freude meines Lebens." (S. 171)).

Die Antithese im darauf folgenden Satz („Freude" – „Trauer") ist programmatisch für die weiteren Ausführungen Josés. Auf der Seite der Trauer steht dabei der Tod (die Grausamkeit von Nelios Tod wird mit Begriffen aus dem Bereich der Kriminalität illustriert: „geraubt", „Brecheisen", „drang [...] ein", „stahl" (S. 172), ebenso durch „Furcht", „Schauder" und „Dunkelheit" (S. 172). Das Motiv der Freude dagegen ist eng verbunden mit Maria und hat auch als bloße Erinnerung eine beflügelnde Wirkung auf José („meinem Geist werden Flügel wachsen" (S. 172)), besiegt seine Furcht und hat sogar zur Folge, dass „die Zeit sich aufgelöst [hat] wie der Nebel in der Morgenfrühe." Die Trennung von Maria hat sich möglicherweise in seinem Unterbewusstsein von Anfang an angekündigt, denn er ist häufig ,,[a]uf kindliche und vielleicht unreife Weise [...] besorgt, sie wäre in der Dunkelheit verschwunden, um nie mehr zurückzukehren" (S. 172). Josés Schlussbemerkung in dieser Textpassage lässt zusätzlich auf die unumgängliche Konsequenz seiner Entscheidung schließen: „Da oben, unter den Sternen, gab es nur ihn und mich." (S. 173)

- ❐ *Analysieren Sie den Auszug S. 171 – S. 173 „... gab es nur ihn und mich." und vergleichen Sie, welche Bedeutung Maria und Nelio für José haben. Stellen Sie auf der Grundlage ihrer Kenntnis des gesamten Romans dar, warum José Nelio gegenüber von Maria schweigt und warum es für ihn nicht möglich ist, sich für ein Leben mit ihr zu entscheiden.*

Ein produktiver Schreibauftrag kann die textanalytische Arbeit ergänzen:

- ❐ *Verfassen Sie einen Abschiedsbrief von José an Maria, in dem er ihr erläutert, warum er keine Beziehung mit ihr eingehen kann und sein Leben als Bäcker aufgibt.*

Notizen

Sinnsprüche zum Stichwort „Traum“

Träume sind Schäume.	Träume nicht dein Leben, lebe deinen Traum.
Wer aufgehört hat zu träumen, ist kein Realist.	Die Götter strafen uns mit der Erfüllung unserer Träume.
Bedenke: Jedes Mal, wenn man einen Traum verwirklicht, geht er verloren.	Nur Träumende können in die fantastischen Welten eintauchen, die uns im Alltag immer verschlossen bleiben.
Das Träumen ist der Sonntag des Denkens.	Im Traum und in der Liebe gibt es keine Unmöglichkeiten.
Wer vom Glück immer nur träumt, darf sich nicht wundern, wenn er es verschläft.	Nenne dich nicht arm, weil deine Wünsche nicht in Erfüllung gegangen sind; wirklich arm ist nur der, der nie geträumt hat.
Der unwiderstehlichste Mensch ist der Träumer, dessen Träume wahr geworden sind.	Niemand lebt von seinen Träumen, aber nur wer träumt, lebt noch.

Träume – Textstellen des Romans[1]

Sie finden hier eine Zusammenstellung einiger Textstellen aus dem Roman „Der Chronist der Winde“ von Henning Mankell, in denen von Träumen die Rede ist:

- Vor mir sah ich [= José] die Tausende und Abertausende von Menschen, die mit zusammengebissenen Zähnen an dem eitlen Traum festhielten, der heutige Tag würde trotzdem ein wenig leichter werden als der Tag, der eben vergangen war. (49)
- Ich [= Yabu Bata] habe geträumt, dass ich mich auf eine Wanderung begeben und einen Pfad suchen soll, der mir das rechte Ziel weist. [...] Hätte ich nicht meinen Traum gehabt, wäre ich immer noch Schmied. (76)
- Ich habe lange geschlafen, sagte er [= Nelio]. Und ich habe geträumt. Ich bin noch einmal meine alten Wege gegangen. Ich habe geträumt, dass ich Yabu Bata wiedersehe. – Hatte er seinen Pfad gefunden?, fragte ich [= José] vorsichtig. Nelio sah mich verwundert an. – Wieso hätte ich ihn danach fragen sollen?, sagte er. Yabu Bata suchte seinen Pfad in der Wirklichkeit. Wozu ihn fragen, wenn ich ihm im Traum begegnete? (99)
- Cosmos hatte eines Nachts einen Traum, den er Nelio erst nach längerer Zeit erzählte, den anderen aber nicht. [...] Cosmos fragte Nelio, ob er ihm den Traum erklären könne. [...] Nelio meinte, der Traum sei bestimmt eine göttliche Eingebung, die nur Cosmos selber deuten könne. Er sei dazu nicht fähig, er komme aus den fernen Gegenden, wo die Menschen sehr selten in ihren Träumen göttliche Offenbarungen erhielten. (124)
- Ich wusste, dass du es erraten würdest, sagte Cosmos. Das ist es, wovon wir träumen. Personalausweise. (138)
- Was sie nie erfuhren, war, dass der Präsident kurz darauf seine Augen aufgeschlagen hatte. Er hatte geträumt, dass etwas roch, es war ein böser Geruch von Armut. Als er im Dunkel seine Augen aufschlug, war der Geruch da, als wäre er ihm in den Schlaf gefolgt. Danach lag er lange wach und überlegte, was der Traum ihm hatte sagen wollen. Vielleicht, dass er zu wenig tat, um die Armut zu bekämpfen, die sich wie eine ansteckende Krankheit im ganzen Land ausbreitete. Unruhig suchte er nach einer Antwort, bis er im Morgengrauen einschlummerte. (143)
- In den kurzen Pausen [...] ließ Nelio sich ihre Träume erzählen. Er hatte entdeckt, dass die Träume bei den anderen genauso stark waren wie bei ihm selbst. Er dachte, die Träume würden immer weiterleben, wie schwer ihr Leben auch sein mochte. In einem jeden gab es einen Kern, der so stabil und kostbar war wie ein Diamant. Das war der Traum von einem anderen Tag, einem Wiedersehen, einem Bett zum Schlafen, einem Dach überm Kopf, einem Personalausweis. (158)
- Nelio hörte sich ihre Träume an und war oft verärgert, dass sie ebenso unsinnig wie unrealistisch waren. [...] Als Tristeza über längere Zeit ihre nachmittägliche Siesta mit endlosen Tiraden darüber gestört hatte, wie er eines Tages eine eigene Bank gründen würde, wies Nelio ihn zurecht. [...] – Alle dürfen über ihre Träume reden. Man träumt, wenn man träumt, und man träumt weiter, wenn man von seinem Traum erzählt. Das ist gut. Aber was Tristeza macht, ist nicht gut. Es ist kein guter Traum zu glauben, man würde eine Bank gründen. Besonders, wenn man nicht mal rechnen kann. (159)
- Von seinem Vater hatte er [= Nelio] gelernt, dass Träume stets Vorboten waren. Sie mochten rätselhaft sein, aber es war die Aufgabe des Menschen, die Vorzeichen zu deuten und entsprechend zu handeln. – Ein Mensch schläft, um zu träumen, hatte sein Vater gesagt. Und anschließend sind wir wach, weil wir die Möglichkeit haben müssen, unsere Träume zu deuten. (216)
- (weitere Textstellen: S. 109, 161, 168, 202, 206, 229, 236, 238)

❐ *Stellen Sie anhand der Textausschnitte zusammen, welche verschiedenen Bedeutungen das Motiv des Träumens für die Figuren in Mankells Roman „Der Chronist der Winde“ hat.*

[1] Zitate aus: Henning Mankell: Der Chronist der Winde. Aus dem Schwedischen von Verena Reichel. © Paul Zsolnay Verlag Wien 2000

Yabu Bata

Baustein 4

Arbeitsblatt 7

Erste Eindrücke Nelios	↓ ↓ ↓ ↓
Äußere Merkmale	• • • • • • •
Verhalten	• • • •
Besonderheiten	• • •
Weisheit	• • • • •
Bedeutung für Nelio	• • •
Wertung der Figur	⇒

❐ *Füllen Sie die Felder des Arbeitsblattes aus. Die entsprechenden Informationen finden Sie im Roman auf den Seiten 73–87.*

Arbeitsblatt: Yabu Bata – Lösungsbogen

Erste Eindrücke Nelios	Tier ↓ weißer Löwe ↓ kein Tier, sondern Mensch ↓ kleiner, weißer Mensch ↓ xidjana, Albino, Zwerg
Äußere Merkmale	• klein • weiß • blassgelbe, krause Haare • sehr stark • kurze Arme und Beine, große Ohren • schrille, laute Stimme • spricht eine ähnliche Sprache wie Nelio
Verhalten	• antwortet auf Fragen Nelios erst später • ist schlecht gelaunt, wenn er hungrig ist • ernährt sich von bitteren Wurzeln • schläft nachts in einem verlassenen Termitenbau
Besonderheiten	• riecht süßlich wie ein Tier • trägt einen großen Reisekoffer mit sich, der Geld enthält, ansonsten aber leer ist • sucht aufgrund eines Traumes seit 19 Jahren seinen Weg
Weisheit	• „Was wichtig ist, ist immer schwer zu finden." • „Fragen soll man stellen, wenn die Sonne über alle Dummheiten lachen kann." • „Menschen versprechen so vieles und möchten es gern halten. Aber alles, was man will, ist nicht immer möglich." • „Wohin du unterwegs bist, kannst du nur selbst beantworten." • „Es gibt nur zwei Wege im Leben [...] Den Weg der Torheit, der den Menschen direkt ins Verderben führt. Den Weg, dem man folgt, wenn man wider sein eigenes Wissen handelt. Der andere Weg ist der, dem man folgen soll. Der, welcher dem Menschen das rechte Ziel weist."
Bedeutung für Nelio	• „Retter" • Wegweiser zum Meer und zur Stadt • Wegbereiter seiner eigenen Weisheit
Wertung der Figur	⇒ sonderbare, märchenhaft anmutende, aber keinesfalls völlig unrealistische Figur.

Baustein 5

Geister, Ahnen und Heiler

5.1 ❒ Geister und Ahnen

Ist im Roman „Der Chronist der Winde“ vom Tod die Rede, dann spielen die Geister eine ganz selbstverständliche Rolle. Das Bild setzt sich aus mehreren Textstellen wie ein Puzzle zusammen: Die Vorstellung ist, dass der Geist im Augenblick des Todes den Körper verlässt, der als leere Hülle zurückbleibt. So ist für Nelio das stille Dach der Bäckerei der Ort, an dem er seine „Geister freizulassen“ wagt (S. 41). Als José Nelios Leichnam im Ofen verbrennt, spürt er: „Sein Geist wehte an mir vorbei, wie ein kühler Hauch aus der höllischen Hitze, und das war alles.“ (S. 11)

Auch die Geister der Vorfahren spielen eine Rolle. So fragt José Nelio eines Nachts, ob die Geister der Ahnen Gesichter haben. Dieser antwortet, sie hätten keine, würden aber dennoch wahrnehmen, was in der Welt der Lebenden geschehe (vgl. S. 174). Für Nelio steht ihre Existenz außer Frage (S. 170). Sie sind Vermittler von Erinnerungen. Allerdings hofft er, nicht die Geister seiner Familie zu spüren, denn das wäre das Indiz für ihren Tod.

Diese Ideen von Geistern und Ahnen scheinen nur auf den erste Blick fremd. Auch in unserer christlichen Kultur ist die Vorstellung, dass die Seele nach dem Tod den Körper verlässt und ein ewiges Leben führt, beheimatet. Sie tritt damit jedoch ein in die Gemeinschaft mit Gott und den Heiligen, steht also nur noch in mittelbarem Kontakt zu den Lebenden. Ihr Einfluss auf die diesseitige Welt ist also geringer, als er im afrikanischen Denken angenommen wird.

❒ *Wie wird die Rolle der Geister und Ahnen im Roman „Der Chronist der Winde“ dargestellt? Lesen Sie nach auf den Seiten 11, 41, 170 und 174.*

❒ *Welcher Art ist die „Beziehung“, die zwischen Lebenden und Verstorbenen besteht?*

Anhand zweier Texte aus der christlichen und aus der traditionellen afrikanischen Vorstellungswelt (*Arbeitsblatt 8, S. 59f.)* sollen anschließend Grundzüge des eschatologischen Denkens der beiden Kulturen herausgearbeitet werden. In Birago Diops Gedicht „Der Hauch der Ahnen“ kommt zum Ausdruck, dass die verstorbenen Ahnen im Alltag allgegenwärtig sind. In Naturerscheinungen, Menschen, Ereignissen und sogar Gegenständen (z.B. „Hütte“, „Boot“, „Brot“) leben sie weiter („Die Toten sind nicht tot.“). Dabei erfahren die Lebenden ihre Gegenwart durchaus ambivalent: Die Geister sind spürbar sowohl in positiven, Hoffnung und Zukunft verheißenden Erlebnissen („im Schatten, der sich erhellt“ oder „in den Brüsten des Weibes [...], in dem Kind ihres Leibes“) als auch in Angst und Trauer verheißenden Ereignissen („im Schatten, der tiefer ins Dunkle fällt“ oder „im Streit, der sich regt“). Immer jedoch ist die Botschaft der Verstorbenen an die Lebenden eine Mahnung an einen „großen Pakt“, dessen Inhalt die ewige Verbundenheit mit den Geistern und die Gewissheit der eigenen Endlichkeit ist.

❒ *Lesen Sie die beiden Texte auf dem Arbeitsblatt 8 und vergleichen Sie die christliche und die traditionelle afrikanische Vorstellung von einem Leben nach dem Tod miteinander. Wo leben die Verstorbenen weiter? Was ist ihre Aufgabe?*

Die Ergebnisse werden als Tafelbild festgehalten:

Vergleich afrikanischer und christlicher Vorstellungen von einem Leben nach dem Tod

Gemeinsamkeit:

die Verstorbenen sind nicht ausgelöscht, sondern existieren auf eine eigene Weise weiter

Unterschiede:

afrikanische Vorstellung:	christliche Vorstellung:
Ahnen sind allgegenwärtig, d. h. in positiven und negativen Dingen und Ereignissen spürbar.	Verstorbene finden ewige Heimat bei Gott.
Sie mahnen die Lebenden, den Pakt der Verbundenheit mit den Toten einzuhalten.	Sie existieren in Ruhe und Vollendung.

5.2 ❒ Traditionelle afrikanische Heilkunst: Frau Muwulene

Als Heilmittel für Nelios Wunden besorgt José mehrfach eine Kräutermischung von Frau Muwulene, die der Leser im Kapitel „Die zweite Nacht“ (S. 44ff.) kennen lernt. Sie wird als eine *feticheira,* übersetzt Hexe oder Zauberin, vorgestellt. Rasch wird deutlich, welcher Art ihre Heilmethoden sind: In enger Verbindung mit den Ahnen und Geistern und mithilfe von Schlangen als „Medium“ ist sie in der Lage, über den Gesundheitszustand eines Menschen und über seine Zukunft gleichermaßen Auskunft zu geben. Für ihre Diagnose interessiert sie dabei nicht, auf welche Weise ihr Patient erkrankt ist, sondern sie fragt vielmehr nach seinen Lebensumständen im weitesten Sinne („[...] ob Nelio Linkshänder sei, ob er an einem Sonntag geboren wurde oder an einem Tag, an dem die Winde von Norden wehten“, S. 46).
Frau Muwulenes Kräfte werden explizit als übernatürlich bezeichnet und sind aus diesem Grunde den Kolonialherren, die sie als „primitiven Aberglauben“ (S. 44) abtun, suspekt. Die *feticheira* hat sich jedoch bisher erfolgreich sowohl den Kolonialherren als auch den jungen Revolutionären widersetzt und führt ihre Heilkunst fort.

Welch großen, nahezu angstvollen Respekt die traditionellen Heiler genießen, wird an der Textstelle deutlich, als an Nelio eine Frau mit der Bitte um Heilung ihres kranken Kindes herantritt. Hier setzt dieser sich ganz bewusst von den traditionellen Ärzten *(curandeiros)* und Hexenmeistern *(feticheiros)* ab:

„Er hatte großen Respekt vor den *feticheiros* und *curandeiros,* die im Besitz geheimer Kräfte waren, mit den unruhig schwebenden Geistern sprechen konnten und die Gabe besaßen, das Böse auszutreiben und das Gute freizusetzen, das jeder Mensch in sich trug.“ (S. 156)

Diese Beziehung zu den Geistern ist es, welche die Heilkunst der Frau Muwulene für „Die Weißen“ sonderbar erscheinen lässt. José mutmaßt, dass ihr Unverständnis für diese Komponente des Daseins sogar zur Niederlage der Kolonialherren geführt habe: Die durch derartige Missachtung gekränkten Geister hätten auf der Seite der jungen Revolutionäre gekämpft und ihnen die eigentliche Kraft verliehen (S. 44).

❒ *Stellen Sie am Beispiel von Frau Muwulene dar, was die Arbeit einer feticheira ausmacht. (S. 44 ff.)*

❒ *Nennen Sie Gründe, warum die Methoden der Frau Muwulene vielen Menschen so suspekt erschienen, dass man sie sogar zwingen wollte, ihre Kunst aufzugeben.*

❒ *Welchen Stellenwert nehmen alternative Heilmethoden in unserer heutigen Medizin ein? Berichten Sie oder informieren Sie sich, auf welche Weise sie diagnostizieren und kurieren.*

Vertiefend kann nun das *Arbeitsblatt 9 (S. 61)* eingesetzt werden, auf dem weiterführende Informationen zu der Frage „Was ist ein traditioneller Heiler?“ gegeben werden. Als visueller Impuls kann zusätzlich ein im Zusatzmaterial (Z 5, S. 78) abgedrucktes Bild gezeigt werden, das den Marktstand eines Händlers mit Materialien für die traditionelle Medizin zeigt.

Um Nelios Wunden zu behandeln, besorgt José mehrfach eine Kräutermischung bei Frau Muwulene (S. 46). Nelio akzeptiert diese Behandlung, lehnt es aber entschieden ab, in ein Krankenhaus zu gehen, obwohl auch er merkt, dass seine schweren Verletzungen mit den traditionellen Heilmethoden nicht geheilt werden können und sein Tod naht. Diese Haltung wird verständlicher, wenn man Nelios Erfahrungen mit einem Krankenhaus berücksichtigt. Als Begleiter des schwerkranken Alfredo Bomba erhoffte er sich Hilfe von den Ärzten, erlebte jedoch, dass auch sie nur die Unheilbarkeit seines Freundes feststellen konnten. Darüber hinaus unterscheidet sich die Behandlung im Krankenhaus grundlegend von der der Frau Muwulene. In drangvoller Enge von Kranken und Verletzten, Gestank von Krankheit, Schweiß und Schmutz, unhygienischen Zuständen und mit unfreundlichen Krankenschwestern müssen Nelio und Alfredo viele Stunden auf eine Behandlung warten. Die Zuwendung besteht in einer kurzen Befragung und einer für Alfredo schmerzvollen und unverständlichen Untersuchung (S. 209ff.). Selbst die Medikamente, die er später bekommt, können ihm nur die Schmerzen nehmen, nicht aber ihn heilen. Somit verbindet Nelio mit einem Krankenhaus nur negative Erinnerungen und hat die Hoffnung auf Hilfe durch die Ärzte offensichtlich aufgegeben.

❒ *Stellen Sie die Behandlung durch Frau Muwulene und die Behandlung im Krankenhaus, wie sie Alfredo Bomba geschieht, einander gegenüber. Arbeiten Sie dazu mit den Seiten 44–46 und 209ff. des Romans.*

❒ *Warum wehrt sich Nelio José gegenüber vehement dagegen, in ein Krankenhaus gebracht zu werden?*

5.3 ❒ Nelios Sterben und die Apokalypse

Bereits zu Beginn des Romans äußert José Antonio Maria Vaz seine Angst, dass der Tod Nelios ein Zeichen für den bevorstehenden Untergang der Welt sei („Dass es ihn nicht mehr gibt, nehme ich als Zeichen, dass die Erde bald untergehen wird.“ (S. 13)). Diese apokalyptische Stimmung wird in den beiden letzten Kapiteln („Die neunte Nacht“ und „Morgendämmerung“) weiter ausgeführt. Nachdem zunächst die Atmosphäre allerlei Vorzeichen auf Nelios Tod gegeben hat, kulminiert diese Stimmung in einem Erdbeben, das José unmittelbar nach Nelios Tod wahrnimmt und wie folgt deutet: „Das Beben [...] war Nelios Geist, der sich von den letzten Fesseln befreit hatte, die ihn an diese Welt banden, um mit gewaltiger Kraft die unsichtbare Barriere zu durchbrechen, welche die Grenze zu jener anderen Welt bildet, in der ihn seine Ahnen und alle, die einmal in dem abgebrannten Dorf gelebt hatten, erwarteten.“ (S. 251f.) Die Deutung des bevorstehenden Weltuntergangs teilt José mit Dona Esmeralda, die diesen Gedanken mit Verweis auf „die Priester“ äußert (S. 254). Maria dagegen, die die Gegenwelt zu Nelio und Josés Leben als Chronist der Winde verkörpert, gesteht lächelnd, dass sie das Erdbeben gar nicht wahrgenommen habe, weil sie geschlafen habe (S. 255). Einmal mehr zeigt sich hier, wie weit die Realitäten von Maria und von Nelio auseinander liegen.

Im Zentrum der Arbeit in dieser Phase steht die Textstelle auf den Seiten 227 bis 229 des Romans, in der José seine Wahrnehmungen am Morgen des letzten Tages, an dem Nelio lebte, beschreibt. Er selbst urteilt: „Zum ersten Mal sah ich die Welt so, wie sie war, die Welt, die Nelio durchschaut hatte, obwohl er noch nicht einmal erwachsen war.“ (S. 227) Seine Eindrücke sind geprägt von Motiven des Verfalls und des Elends, die in ihm eine endzeitliche Stimmung auslösen. So glaubt er Scharen von Erweckungspredigern und Millionen von Ahnen wahrzunehmen (S. 228f.). Zugleich schließt diese Vision des nahenden Endes für José einen Neuanfang ein, den er zu diesem Zeitpunkt jedoch (noch) nicht als etwas Positives wahrnimmt: „Etwas in meinem Leben ging zu Ende. Ich hatte angefangen, die wirkliche Bedeutung dessen zu verstehen, was Nelio mir erzählt hatte.“ (S. 229) José tritt hier zum ersten Mal in Nelios Fußspuren und beginnt bereits, seiner Aufgabe als „Chronist der Winde“ nachzukommen, indem er – wie durch eine Lupe vergrößert – den Zustand seiner Welt beschreibt. Zugleich weist er damit mahnend darauf hin, dass durch die Schere zwischen Arm und Reich, durch Gewalt und durch Naturkatastrophen für viele Menschen die Lebenssituation derart aussichtslos sei, dass es dem Ende der Welt gleichkomme.

Es fällt zunächst die sehr bildhafte Sprache ins Auge, die von Metaphern, Vergleichen und Personifikationen durchzogen ist. Auch werden die Schülerinnen und Schüler den anaphorischen Satzbau erkennen, der geprägt ist durch eine Wiederholung der Formulierung „Ich sah“ (und in abgewandelter Form „Ich stand“, „Ich dachte“, „Ich kam“). Diese Stilmittel sind typisch für die Sprache von apokalyptischen Texten, die meist einem berühmten Seher zugeschrieben werden und dessen Visionen wiedergeben. Ein Vergleich mit einem Auszug aus der biblischen Johannesapokalypse lässt die Schülerinnen und Schüler die Parallelen zum Romantext erkennen. Hierzu wird das Arbeitsblatt 10 (S. 62) eingesetzt, das eine Perikope aus der Offenbarung des Johannes und einige grundsätzliche Informationen über die Apokalypse bietet. Letztere lassen auf das gemeinsame Hauptmotiv der beiden Texte schließen: die Sehnsucht nach Leben im Hier und Jetzt trotz der als endzeitlich empfundenen Bedrängnis.

- *Analysieren Sie den Textauszug S. 227–229 aus dem Roman „Der Chronist der Winde“:*
  - *Welcher Art sind die Wahrnehmungen, die José beschreibt?*
  - *Aus welcher Perspektive nimmt er die Welt wahr?*
  - *Wie ist der Text sprachlich gestaltet?*
- *Vergleichen Sie den Textauszug mit einem Auszug aus der Offenbarung des Johannes unter dem Aspekt der sprachlichen Gestaltung (Arbeitsblatt 10).*
- *Stellen Sie inhaltliche Gemeinsamkeiten heraus, indem Sie den Text „Theologische Überlegungen zur Apokalypse“ (Arbeitsblatt 10) hinzuziehen.*

Josés apokalyptische Wahrnehmungen (S. 227f.)

- Hitze
- Verrottung
- Elend
- Armut
- Ohnmacht
- Zerstörung
- Naturkatastrophen
- Kluft arm – reich
- Invasion von Erweckungspredigern

sprachliche Gestaltung in Anlehnung an die Johannesoffenbarung
aber:
Josés Beschreibungen sind keine Visionen, sondern wahrgenommene Lebenswirklichkeit

Zur Vertiefung dieser Thematik kann eine weitere Textstelle im Detail analysiert werden: Der Romanschluss (S. 264f.) nimmt die bildreiche Sprache des Anfangskapitels und der zuvor bearbeiteten Textstelle wieder auf. José beschreibt hier seine Situation ein Jahr nach Nelios Tod. Er hat sich aus seinem alten Leben gelöst und widmet sich ganz dem Erzählen der Geschichte Nelios. Dazu nutzt er vor allem die stillen Nachtstunden, die hier im Gegensatz zur sengenden Hitze des Tages stehen.

José ist sich der Widerstände, mit denen er umgehen muss, bewusst: Ohnmacht, Vergessen und Zunahme des Elends. Sprachlich auffällig ist hier die Entwicklung des Neologismus' „Straßenkinderländer" aus „Rudel der Straßenkinder" und „Straßenkinder, die in den ärmsten aller Länder leben". Der Inhalt der Botschaft Josés wird in poetische Sprache gefasst, die durch die Leitmotive Erde, Wind und Meer geprägt ist. Kennzeichnendes Stilmittel ist die Verlebendigung und Personifikation der Natur (z. B. „Stirn der Erde", „damit die Träume nicht vom Fieber heiß werden", „selbst wenn es nur die Winde vom Meer sind, die hören, was ich zu sagen habe", S. 264).

Nelios Geschichte wird auf die Historie und den Fortbestand der Erde übertragen. Eine Hoffnung auf Heilung gibt es demnach einzig durch das Erzählen, das einem Bewahren gleicht. In Josés Augen wird die Bedeutung seines Tuns zunehmen: Zunächst ist seine Geschichte wie ein unsichtbarer Ton im Wind (Stilmittel: Metonymie), dann ist sie in den Regentropfen auf dürrer Erde enthalten und schließlich ist sie in der Atemluft zu finden. Sie wird also zunehmend lebensnotwendig werden, wie sie es einst für Nelio war und für José inzwischen längst geworden ist. Er betont, dass die letzte Hoffnung die Begrenztheit des Menschen anerkenne, und er setzt auf ein tiefes Verstehen der Welt und ihrer innersten Zusammenhänge: „dass wir Menschen sind, die niemals über die lauen Winde vom Meer gebieten können, aber vielleicht irgendwann einmal verstehen werden, warum die Winde ewig wehen müssen" (S. 265). Der Roman endet mit dem Hinweis auf die gerade erzählte und immer wieder zu erzählende Geschichte und schließt nicht mit einem „Schlusspunkt", sondern mit „..." – vielleicht eine knappe Metapher für Hoffnung, Weiterleben und Weitererzählen.

- ❒ *Analysieren Sie den Romanschluss (S. 264f. ab: „Ein Jahr ist vergangen [...]") sprachlich und inhaltlich.*
- ❒ *Legen Sie (unter Einbeziehung des Gesamtromans) Josés Motivation für sein Tun dar.*

Notizen

Afrikanische und christliche Vorstellungen von einem Leben nach dem Tod

Birago Diop[1]: Der Hauch der Ahnen

Erlausche nur geschwind
Die Wesen in den Dingen,
Hör sie im Feuer singen,
Hör sie im Wasser mahnen
Und lausche in den Wind:
Der Seufzer im Gebüsch
Das ist der Hauch der Ahnen.

Die gestorben sind, sind niemals fort,
Sie sind im Schatten, der sich erhellt,
Und im Schatten, der tiefer ins Dunkle fällt.
Sie sind in dem Baum, der dröhnt
Und sind in dem Baum, der stöhnt,
Sie sind in dem Wasser, das sich ergießt
Wie im Wasser, das schlafend die Augen schließt,
Sie sind in der Hütte, sie sind im Boot:
Die Toten sind nicht tot.

Erlausche nur geschwind
Die Wesen in den Dingen,
...

Die gestorben sind, sind niemals fort,
Sie sind in den Brüsten des Weibes,
Sie sind in dem Kind ihres Leibes,
Sie sind in dem Streit, der sich regt.
Sie sind nicht unter der Erde:
Sie sind in dem Brand, der sich legt,
Sie sind in den Gräsern, die weinen,
Sie sind in den Felsen, die greinen,
Sie sind im Wald, in der Wohnung,
im Brot:
Die Toten sind nicht tot.

Erlausche nur geschwind
Die Wesen in den Dingen,
...

Sie mahnen uns täglich an den Bund,
An den großen Pakt, der uns bindet,
Der unser Los dem Gesetz verknüpft,
Den Taten der stärksten Wesen,
Dem Los unserer Toten, die nicht gestorben:
Der Pakt, der uns bindet ans Leben.
Das schwere Gesetz, das uns knüpft an die Taten
Des Hauchs, der sich legt
Im Flussbett, am Ufer,
Des Hauches der Rufer,
Der weint in den Gräsern, im Felsen sich regt.
Erlausche nur geschwind
Die Wesen in den Dingen,
...

[1] Birago Diop, * 1906 in Saint-Louis, Senegambien, bekannter afrikanischer Dichter und Tierarzt; 1961 bis 1965 Botschafter der Republik Senegal in Tunesien

Totengebet der Christen

Das im Tod aufbrechende Leben ist ein Geheimnis. Erst in der Vollendung dürfen wir schauen, wie Gott ist. Von diesem Leben können wir jetzt nur in Bildern reden.

Kein Auge hat gesehen und kein Ohr gehört, in keines Menschen Sinn ist es gekommen, wie Großes Gott denen bereitet hat, die ihn lieben.

Christus bereitet uns die ewige Heimat beim Vater. Er sagt: Im Hause meines Vaters sind viele Wohnungen. Ich gehe hin, euch einen Platz zu bereiten. Er spricht das erlösende Wort. Kommt her, die ihr von meinem Vater gesegnet seid, nehmt das Reich in Besitz, das am Anfang der Welt für euch geschaffen worden ist.

Wir danken dir, Vater. Du hast uns der Macht der Finsternis entrissen und in das Reich deines geliebten Sohnes aufgenommen.

Dies ist das kostbare Erbe, das uns Christus hinterlassen hat. Wir werden alle mit ihm beim Vater sein. [...]

Christus führt uns zur Ruhe in Gott. Kommt alle zu mir, die ihr euch plagt und unter Lasten stöhnt. Ich werde euch Ruhe verschaffen. Die Seelen der Gerechten sind in Gottes Hand; sie haben nie mehr Qualen zu erdulden, sie sind im Frieden.

Aus: Gotteslob. Katholisches Gebet- und Gesangbuch, Stuttgart 1975, Nr. 791.3

❒ *Lesen Sie die beiden Texte „Der Hauch der Ahnen“ und „Totengebet der Christen“ und vergleichen Sie die christliche und die afrikanische Vorstellung von einem Leben nach dem Tod miteinander. Wo leben die Verstorbenen weiter? Was ist ihre Aufgabe?*

Was ist ein traditioneller Heiler?

„Bei den Bekpak[1] behandelt die traditionelle Medizin die Krankheiten des Körpers und der Seele. Sie bewegt den Menschen dazu, gut zu handeln und zielt darauf ab, ein gutes Verhältnis herzustellen – einerseits zwischen den Lebenden selbst, andererseits zwischen Lebenden und Verstorbenen. Sie harmonisiert so die Beziehungen zwischen der sichtbaren Welt und der unsichtbaren Welt.

Die traditionelle Medizin erfasst den Menschen in seiner Gesamtheit, seinen Leib und seine Seele, seine Persönlichkeit und sein soziales Umfeld, sein Leben, seine Existenz – vor der Geburt bis nach dem Tod.

[...] Für die Bekpak ist der Mensch eng mit der Familie seiner Vorfahren verbunden. Er selbst stellt das lebende Kettenglied in einer Abstammungslinie dar, zu der er gehört. Darin nehmen die Ahnen einen Ausschlag gebenden Platz ein. Ihre Heil-Macht, weitergegeben an einen ihrer Nachkommen, macht den Heiler zum Mittler zwischen Verstorbenen und Lebenden.

Die Ahnen haben dem Heiler Orte und besondere Gegenstände hinterlassen, die seine Kraft zu heilen unterstützen. Es sind Plätze, an die er sich zurückziehen kann – eine Baumgruppe oder ein majestätischer Baum, eine Quelle, besondere Steine etc., um dort Inspiration zu schöpfen und um Gesundheit für seine Kranken zu erbitten.
[...]

Der Heiler muss ein großes Wissen vom menschlichen Körper haben, muss die Veranlagungen der Seele kennen, muss unterscheiden können zwischen dem natürlichen Tod, den der Schöpfer [...] für einen Menschen vorgesehen hat, und dem Tod, den ein Mensch selbst verursacht hat, – oder einer seiner Nächsten – durch Fehler oder durch die Nichterfüllung von Geboten. Und schließlich muss er sich des Bösen bewusst sein, das die lebenden und verstorbenen „Geister der Zerstörung" über die Erde verbreiten.
[...]

Um nicht dem Bösen schutzlos preisgegeben zu sein, um in Frieden zu leben, in guter Gesundheit, enthüllt der Heiler [...] jedem, was er in einem ganz bestimmten Fall tun muss. Er fordert ihn dazu auf, die Ratschläge in die Praxis umzusetzen, die seine Ahnen ihm in Form von Weisheitssprüchen und Sprichworten hinterlassen haben.

Erinnern wir uns daran, dass der Heiler seine Heil-Macht alleine von den Ahnen hat – nur dadurch, dass er die Gebote und Regeln respektiert, kann er sicherstellen, dass er seine Aufgabe auch gut lösen und sein Amt wirkungsvoll ausführen kann.

[1] Volksstamm in Kamerun

Aus: Rosemarie Leiderer: La médicine traditionelle chez les Bekpak (Bafia) du Caméroun, Bnd. 1, collectanea instituti anthropos St. Augustin 1982, S. 39, dt. in: Riepe, Regina und Bert: Gott war bei allen Menschen, hrsg. von missio, Aachen 1993, S. 73

❒ *Stellen Sie die traditionelle Heilkunst der Bekpak und unsere westliche Medizin gegenüber. Benennen sie Gemeinsamkeiten und Unterschiede.*

Die biblische Apokalypse

[1]Und ich sah auf der rechten Hand dessen, der auf dem Thron saß, eine Buchrolle; sie war innen und außen beschrieben und mit sieben Siegeln versiegelt. [2]Und ich sah: Ein gewaltiger Engel rief mit lauter Stimme: Wer ist würdig, die Buchrolle zu öffnen und ihre Siegel zu lösen? [3]Aber niemand im Himmel, auf der Erde und unter der Erde konnte das Buch öffnen und es lesen. [4]Da weinte ich sehr, weil niemand für würdig befunden wurde, das Buch zu öffnen und es zu lesen.
[5]Da sagte einer von den Ältesten zu mir: Weine nicht! Gesiegt hat der Löwe aus dem Stamm Juda, der Spross aus der Wurzel Davids; er kann das Buch und seine sieben Siegel öffnen.
[6]Und ich sah: Zwischen dem Thron und den vier Lebewesen und mitten unter den Ältesten stand ein Lamm; es sah aus wie geschlachtet und hatte sieben Hörner und sieben Augen; die Augen sind die sieben Geister Gottes, die über die ganze Erde ausgesandt sind.
[7]Das Lamm trat heran und empfing das Buch aus der rechten Hand dessen, der auf dem Thron saß.

Offb 5, 1–7

Theologische Überlegungen zur Apokalypse

Apokalypsen basieren auf der Fiktion, dass sie von berühmten Personen der Vergangenheit aufgeschrieben worden seien; [...] Die literarische Form der Apokalypse ist Ausdruck eines bestimmten Geschichtsverständnisses. Der Apokalyptiker geht von dem Gedanken aus, die Weltgeschichte verlaufe nach einem von Gott einst festgelegten Plan. Dieser Plan lasse sich an der vergangenen Geschichte ablesen, und man könne erkennen, welche Stunde gerade geschlagen habe. [...] Die Apokalypsen verstehen die Gegenwart als die „letzte Zeit“, in der sich die Drangsal steigert und die Not für die Frommen immer größer wird. Doch am Ende steht das Heil für die, die jetzt leiden. Der Sinn der „Offenbarungen“ ist es, das Gottesvolk zur Treue zu mahnen. Die Verfasser versuchen, innerhalb der vergangenen Geschichte einzelne Perioden abzugrenzen, um von dort Termine der Endereignisse „berechnen“ zu können. Im Unterschied zum alttestamentlichen Geschichtsverständnis rechnet der Apokalyptiker nicht mit der Möglichkeit eines kontingenten Geschichtshandelns Gottes. Dem Geschichtsbewusstsein entspricht das Weltbild der Apokalyptik: Die Welt ist bösen Mächten preisgegeben. Mythische Bilder, Zahlenspekulationen und Astrologie sollen helfen, die Gegenwart zu verstehen und zu bewältigen.

Aus: Conzelmann, H. und A. Lindemann: Arbeitsbuch zum Neuen Testament, Tübingen 1991; S. 41f.

Die Apokalypse zeigt uns aber, gerade durch ihren Widerstand dagegen, die Dinge, die das menschliche Herz insgeheim ersehnt. [...] Was der Mensch am leidenschaftlichsten ersehnt, ist seine lebendige Ganzheit und sein lebendiger Einklang, nicht die isolierte Rettung seiner „Seele“. Der Mensch möchte zuerst und zuvörderst seine körperliche Erfüllung, weil er jetzt, nur dieses eine Mal, in Fleisch und Kraft ist. [...] Was immer die Ungeborenen und die Toten auch wissen mögen, sie kennen nicht die Schönheit und das Wunder, im Fleische lebendig zu sein. Die Toten mögen sich ums Jenseits kümmern. Aber das großartige Hier und Jetzt des Lebens im Fleische gehört uns, uns alleine, und das nur für eine gewisse Zeit. Wir sollten vor Verzückung tanzen, da wir lebendig und im Fleische sind und Teil des lebendigen und leibhaftigen Kosmos.

Aus: D. H. Lawrence: Die Apokalypse. Aus dem Englischen von Axel Monte. Düsseldorf: Patmos Verlag GmbH & Co KG, 2000

- ❒ *Vergleichen Sie den Textauszug mit einem Auszug aus der Offenbarung des Johannes unter dem Aspekt der sprachlichen Gestaltung.*
- ❒ *Versuchen Sie auch, inhaltliche Gemeinsamkeiten herauszustellen, indem Sie den Text „Theologische Überlegungen zur Apokalypse“ hinzuziehen.*

Bau- 6 stein

Das Theater, die Welt und eine Insel ohne Angst

6.1 ❒ Eine Insel ohne Angst – das Theaterstück für Alfredo Bomba

Im Kapitel „Die letzte Nacht" wird detailliert das Theaterstück geschildert, welches das „Straßenkinderrudel" für den sterbenskranken Alfredo Bomba aufführt. Nachdem im Krankenhaus diagnostiziert worden ist, dass der kleine, einarmige und immer fröhliche Alfredo einen Tumor in der Leber hat, der bereits im ganzen Körper Metastasen gestreut hat, will Nelio ihm einen großen Wunsch erfüllen. Alfredo erinnert sich an eine alte Geschichte, die ihm seine Mutter oft erzählt hat, und formuliert seinen Wunsch: „Es würde einen Ort geben, an dem Lebende und Tote sich begegnen [...]. Es wäre ein großer Garten, durch den ein Fluss strömte. Mitten in dem Fluss läge eine Insel aus lauter Sand. Hätte man diese Insel einmal besucht, würde man in seinem ganzen Leben nie mehr Angst vor irgend etwas haben. Wenn es nun so ist, dass ich mir wünschen kann, was ich will, wünsche ich mir, dass ich dahin komme." (S. 214)

Damit stehen die Kinder zunächst vor einem Problem. Der geheimnisvolle Ort ist auf keiner Karte verzeichnet und nicht nur deshalb unerreichbar für eine Gruppe von Straßenkindern. Dennoch wollen sie Alfredo seinen letzten Wunsch erfüllen und beginnen so unter der Federführung von Nelio mehrere Nächte lang im leeren Theater der Dona Esmeralda ein Theaterstück zu proben, das Alfredo auf eine imaginäre Reise zu eben jener Insel ohne Angst führen soll. Nach einigen Schwierigkeiten aufgrund der unterschiedlichen Vorstellungen und zum Teil begrenzten Auffassungsgabe einiger Kinder gelingt doch drei Nächte später eine Aufführung, die für Alfredo eine derart perfekte Illusion darstellt, dass er am Ende des Stückes ruhig, lächelnd und ohne Angst sterben kann. Für Nelio hingegen wird dieses Theaterstück zum Verhängnis, denn er wird lebensgefährlich von Wachmännern verletzt, welche die Kinder für Einbrecher halten. Während alle anderen fliehen, versucht Nelio Alfredos Leichnam zu schützen, was ihn schließlich selbst das Leben kostet.

Das Theaterstück selbst hat seine Wirkung auf Alfredo aufgrund zahlreicher Motive, die geeignet sind, ihm die Angst zu nehmen. Neben dem Setting, das so ist, wie Alfredo es aus der alten Geschichte seiner Mutter kennt, vermitteln die Kinder ihm ein Gefühl von Sicherheit, indem sie Gefahren auf wundersame Weise verstummen lassen, die Begegnung mit geliebten Menschen ermöglichen und Alfredo durch die märchenhafte Atmosphäre die Realität völlig vergessen lassen.

❒ *Welche Funktion und Bedeutung hat das Theaterstück, das die Straßenkinder aufführen, für Alfredo Bomba? Welche Funktion hat es für die Darstellenden selbst?*

❒ *Stellen Sie zusammen, welche Erfahrungen Alfredo Bomba als Mitspieler in dem für ihn inszenierten Theaterstück machen darf, die ihm die Angst nehmen. Lesen Sie dazu die Seiten 241–245 des Romans.*

Theaterstück für Alfredo Bomba

Erfahrungen, die er im Stück macht:
- hat ein hohes Alter erreicht, ist weise
- macht eine erträumte Reise
- Gefahren (Monster, Sturm, Ende des Weges) hören von selbst oder durch Gaben auf
- fühlt sich sicher
- Begegnung mit alten Freunden und seiner Mutter

⇒ spürt keine Angst, sondern Geborgenheit

↕

Gegensatz zu seinen Erfahrungen als Straßenkind

Abgeschlossen wird die Arbeit zu diesem Thema durch einen produktionsorientierten Schreibauftrag als Weiterführung:

❒ *Stellen Sie sich vor, Sie nehmen als unerkannter Zuschauer an dem Theaterstück für Alfredo Bomba teil. Schildern Sie Ihre Eindrücke in Form eines inneren Monologs oder eines Tagebucheintrags.*

6.2 ❒ Dona Esmeraldas Theater

Während das Theaterstück der Straßenkinder für Alfredo Bomba eine eindeutige Funktion erfüllt, erscheinen die Darbietungen, die Dona Esmeralda inszeniert, um einiges rätselhafter. Zunächst ist festzuhalten, dass das Theater der Lebensinhalt für seine Besitzerin ist. Die angrenzende Bäckerei führt sie nur, um aus den Einnahmen das Theater unterhalten zu können. Offensichtlich hat sich Dona Esmeralda mit der Gründung des Theaters einen lang gehegten Wunsch erfüllt, denn bei ihrer Rückkehr in die Stadt nach Ende des Bürgerkriegs war ihr einziger Wunsch an die neue Regierung, das völlig heruntergekommene Theater zu übernehmen. Trotz seines Zustands bewerkstelligte sie die notwendigen Renovierungsarbeiten und die Gründung eines Ensembles mit bemerkenswert großer Energie.

Nicht nur die Premiere, sondern auch die weiteren Aufführungen und die Probenarbeit werden in der Folgezeit immer wieder durch technische Pannen erschwert, die auf einen nach wie vor desolaten Zustand der Theaterausstattung schließen lassen. Die Stücke, die Dona Esmeralda inszeniert, sind für das Publikum und selbst für die Schauspieler schwer verständlich. Auch der Leser bekommt nur eine vage Vorstellung vom Inhalt ihrer Darbietungen. In stundenlangen Aufführungen verarbeitet sie offenbar die ältere und jüngere Geschichte ihres Landes auf symbolhafte Art und Weise (in einem der Stücke kommen „Sklavenschiffe“ vor (S. 36), in einem anderen stellen die Schauspieler eine Horde Elefanten dar, die „eigentlich revolutionäre Soldaten“ sein sollen (S. 148)). Auch José kann als Zuschauer bei den Proben den Theaterstücken Dona Esmeraldas keinen tieferen Sinn abgewinnen. Offensichtlich sind es trotz ihres bedeutungsschweren Inhalts wohl lustige Stücke, die sie inszeniert, denn das Lachen der Bäcker, die bei den Proben häufig zuschauen, „galt Dona Esmeralda als Signal, dass die Inszenierung fertig war und es somit Zeit wurde, den Kassenschalter zu öffnen und eine neue Premiere anzukündigen“ (S. 36).

Es stellt sich dennoch die Frage, welcher Erfolg diesem Theater beschert sein wird. Welche Funktion erfüllt das Theater und welche Intention verfolgt Dona Esmeralda, dass sie es mit solch großer Energie aufbaut und führt? Diese Fragen werden im Text nur andeutungsweise beantwortet. Ein Aspekt ist der persönliche Triumph, den Dona Esmeralda empfindet, „jenes seltsame Glück, das nur jemand empfinden kann, der das Unmögliche vollbracht hat“ (S. 27). Dies erklärt zwar die Anfangsbegeisterung, wird jedoch möglicherweise nicht der alleinige Antrieb für ein Fortführen ihrer Arbeit sein. Wie José bemerkt, ist „[d]ie Welt des Theaters [...] eine Welt, die anscheinend niemals untergehen konnte“ (S. 36f.). So erzählt Dona Esmeralda in ihren seltsamen Inszenierungen Geschichten auf ihre ganz eigene Weise und zeigt damit dem Publikum, wie sie die Welt sieht. Aus dem Wenigen, das der Leser über ihre Stücke erfährt, lässt sich ablesen, dass sie Themen aus der Geschichte ihres Landes aufnimmt, diese aber derart verschlüsselt auf die Bühne bringt, dass das Publikum für die Dauer der Aufführung von der Realität in eine skurrile Welt fliehen kann.

Dieses Potenzial ihrer Arbeit scheint Dona Esmeraldas Motivation zu sein. Zugleich ermöglicht sie ihren Schauspielern ein Leben außerhalb des Elends, indem sie ihnen eine Plattform gibt, ihr Talent darzustellen.

❒ *Untersuchen Sie die Seiten 25–28 und 34–36 des Romans und stellen Sie Stationen der Entwicklung des Theaters heraus.*

❒ *Formulieren Sie aus Dona Esmeraldas Perspektive heraus eine Antwort auf den Vorwurf, „sie widme sich einer absolut überflüssigen Arbeit“ (S. 26).*

❒ *Welche Funktion erfüllt das Theater von Dona Esmeralda? Welche Bedeutung – für Schauspieler und Publikum – sehen Sie darin, heutzutage in einer Stadt wie Maputo ein Theater zu eröffnen und zu führen?*

6.3 ❒ Henning Mankells Theater in Mosambik

Beschäftigt man sich mit der Biografie Henning Mankells, dann drängt sich der Verdacht auf, dass er sich in seinen Roman „Der Chronist der Winde“ selbst hineingeschrieben hat. Wie die verrückte Dona Esmeralda trägt auch Mankell zum Aufbau einer Theatertruppe in Maputo bei, die er seit Mitte der 80er-Jahre leitet. Diese sehr offensichtliche Parallele erlaubt es, auf der Suche nach Motiven für ein solches Unterfangen den Autor selbst zu befragen.

Mankell sieht die Funktion seines Theaters nicht nur in der Unterhaltung des Publikums, sondern vielmehr darin, Menschen eine vertiefte Weltbegegnung zu ermöglichen, denen sie ansonsten aufgrund ihrer Lebensumstände und Bildungsmöglichkeiten (Analphabetismus) verwehrt bleibt.

Der auf dem Arbeitsblatt 11 (S. 67) abgedruckte Text lässt die Schülerinnen und Schüler diese Sicht erarbeiten. Er bietet zugleich einige Informationen zum Lebenslauf Henning Mankells. Sollen seine Biografie und seine Intention zum Schreiben vertiefter erarbeitet werden, so kann der Vortrag „Ein Fuß im Schnee und einer im Sand“ eingesetzt werden, der als Zusatzmaterial (Z 6, S. 80ff.) zu finden ist. In diesen Ausführungen Mankells wird auch deutlich, dass seinen Afrika-Romanen, seinen Krimis und seiner Arbeit als Intendant die gleiche Motivation zugrunde liegt. Stets geht es ihm auch darum, gesellschaftskritisch zu wirken, auf Missstände hinzuweisen und nach Ursachen zu forschen.

Einen vertieften Eindruck von den Umständen, unter denen das Leben und die Theaterarbeit in Maputo verlaufen, gewinnen die Schülerinnen und Schüler anhand eines Auszugs aus dem Werk „Ich sterbe, aber die Erinnerung lebt“, in dem Mankell von einem tatsächlichen Geschehnis berichtet: Der für eine Inszenierung gebrauchte Sarg verschwindet in einer Spielpause, weil er für die Beerdigung eines an Aids gestorbenen Mädchens gebraucht wird, das ansonsten in einem Massengrab bestattet worden wäre (Zusatzmaterial Z 7, S. 83ff.). Ähnlich wie in der Alfredo-Bomba-Episode des Romans „Der Chronist der Winde“ kommt auch hier zum Ausdruck, wie untrennbar die Arbeit im Theater mit den Lebensumständen der Menschen verknüpft ist und sich ihnen bis zum Letzten stellen muss. Das Buch könnte an dieser Stelle eventuell durch ein Schülerreferat vorgestellt werden.

❒ *Stellen Sie Henning Mankells Buch „Ich sterbe, aber die Erinnerung lebt“ vor. Legen Sie in Ihrer Buchvorstellung Inhalt und Intention dar und geben Sie eine Leseprobe.*

6.4 ❐ Funktionen und Wirkungsabsichten des Theaters

Anhand von dramentheoretischen Schriften aus verschiedenen Epochen lässt sich nachvollziehen, wie unterschiedlich Schriftsteller die Funktionen des Theaters einschätzten und seine Wirkungsabsichten definierten. Exemplarisch sollen die Schülerinnen und Schüler einige dieser Positionen erarbeiten und einander gegenüberstellen, um im Anschluss daran die Einschätzung Henning Mankells und seiner Romanfigur Dona Esmeralda vertieft beurteilen zu können.

Das Arbeitsblatt 11 (S. 67) gibt den Schülerinnen und Schülern drei Texte an die Hand, die zunächst einzeln erarbeitet und anschließend inhaltlich miteinander verglichen werden sollen. Schiller spricht dem Theater eine moralisch richtende Funktion zu, die zur Nachahmung idealen Verhaltens anregen soll. Durch das Mitfühlen der Zuschauer wirkt es heilsam und ausgleichend und führt schlussendlich zu einem das Publikum vereinenden großen Gefühl des Menschseins. Brecht sieht dagegen die Aufgabe des Theaters nicht im Aufbau einer Illusion, die eine Identifikation der Zuschauer ermöglicht, sondern vielmehr in einer Darstellung der Wechselwirkung zwischen dem Menschen und seinen Lebensverhältnissen. Das epische Theater fordert sein Publikum auf, handelnd zur Veränderung ungerechter Situationen beizutragen. Wieder anders definiert Dürrenmatt die Funktion der Bühne. Er sieht seine Welt als ungestaltete, der nur noch die durch Einfälle geprägte Komödie beikomme. Ähnlich wie Brecht setzt auch er auf das Mittel der Distanz, um den Zuschauer in die „Mausefalle“ zu locken und ihm Botschaften mitzuteilen, der dieser sich sonst nicht aussetzen würde.

Es wird deutlich, dass alle genannten Autoren dem Theater eine nicht ausschließlich unterhaltende, sondern darüber hinaus eine wirklichkeitsgestaltende Rolle zusprechen. Niemals kann das Theater abgekoppelt von den gesellschaftlichen Verhältnissen seiner Zeit und Umgebung existieren, sondern es erfüllt stets auch die Funktion, verändernd bzw. verbessernd auf diese Verhältnisse einzuwirken, sei es moralisch (Schiller), politisch (Brecht), entlarvend (Dürrenmatt) oder ganz pragmatisch, wie Mankells Theater, das Kultur nicht nur zu den Reichen und Gebildeten bringt, sondern möglicherweise auch zu den Menschen, für die es eine der raren Möglichkeiten zur vertieften Weltbegegnung ist.

Notizen

Baustein 6

Arbeitsblatt 11

Henning Mankell und sein Theater in Maputo

© Frank Rothe/WISUM

Henning Mankell wird 1948 in Stockholm geboren und wächst bei seinem Vater, einem Richter, in dem Dorf Sveg in der nordschwedischen Provinz Härjedalen auf. Sein Vater zieht ihn alleine auf, weil seine Mutter die Familie im Stich lässt. Zuflucht findet der junge Henning in seiner Fantasie und in seiner Sehnsucht nach Afrika. Mit 17 Jahren zieht er nach Stockholm und wird zunächst Regie-Assistent am Riks Theater. 1968 beginnt er selber als Autor und Regisseur zu arbeiten. Seine ersten Veröffentlichungen spiegeln die Mentalität der 68er-Bewegung wider. 1972 fährt er zum ersten Mal nach Afrika. Dort findet er seine wahre Heimat, obwohl das Leben dort „zehnmal härter ist" als in Europa. In Afrika entwickelt er eine kritische Distanz zu Europa.

1979 veröffentlicht Henning Mankell seinen ersten Roman „Das Gefangenenlager, das verschwand". In den darauf folgenden Jahren arbeitet er für verschiedene Theater als Regisseur, Autor und Intendant in Schweden. Fragen der Klassenperspektive ziehen sich durch die nun entstehenden Werke „Der Tod eines Seglers" (1981) und „Daysi Sistersk" (1982). Mankell pendelt in dieser Zeit zwischen Europa und Afrika hin und her.

1985 wird er eingeladen, in Mosambik beim Aufbau einer professionellen Theatertruppe in Maputo zu helfen. 1986 wird Mankell der Leiter des 70-köpfigen Teatro Avenida, des einzigen professionellen Theaters in Mosambik, und er ist es bis heute. Diese Arbeit bedeutet ihm ebenso viel wie das Schreiben, denn Mankell möchte dort auf eine andere Art Geschichten erzählen. „Ich habe hervorragende Schauspieler, die problemlos Shakespeare in Europa spielen könnten", meint er. In einem Land, wo der Analphabetismus durch die Armut weit verbreitet ist, sieht er das Theater auch als Mittel, den Menschen von dem zu erzählen, was in der Welt vorgeht. So verbinden sich für Mankell Fantasie und Realität auf dem Theater zu einer Möglichkeit, die Komplexität des Lebens besser zu verstehen. „Als Junge träumte ich davon, zum Ende der Welt zu reisen. Und für mich war Afrika dieser Ort. Er war gerade so weit weg, wie meine Fantasie reichte."

Quellen: www.zdf.de; www.wir-stellen-vor.de/Krimi/mankell-henning. htm

- ❒ *Führen Sie aus, welche Rolle Mankell der Theaterarbeit in Maputo zumisst.*
- ❒ *Diskutieren Sie den möglichen Erfolg eines solchen Unterfangens.*

Dramentheorien

Friedrich Schiller: Die Schaubühne als moralische Anstalt betrachtet (1784)

Die Gerichtsbarkeit der Bühne fängt an, wo das Gebiet der weltlichen Gesetze sich endigt. Wenn die Gerechtigkeit für Gold verblindet und im Solde der Laster schweigt, wenn die Frevel der Mächtigen ihrer Ohnmacht spotten und Menschenfurcht den Arm der Obrigkeit bindet, übernimmt die Schaubühne Schwert und Waage und reißt die Laster vor einen schrecklichen Richterstuhl. Das ganze Reich der Fantasie und Geschichte, Vergangenheit und Zukunft stehen ihrem Wink zu Gebot. Kühne Verbrecher, die längst schon im Staub vermodern, werden durch den allmächtigen Ruf der Dichtkunst jetzt vorgeladen und wiederholen zum schauervollen Unterricht der Nachwelt ein schändliches Leben. Ohnmächtig, gleich den Schatten in einem Hohlspiegel, wandeln die Schrecken ihres Jahrhunderts vor unsern Augen vorbei, und mit wolllüstigem Entsetzen verfluchen wir ihr Gedächtnis. [...] So gewiss sichtbare Darstellung mächtiger wirkt als toter Buchstabe und kalte Erzählung, so gewiss wirkt die Schaubühne tiefer und dauernder als Moral und Gesetze.

Aber hier *unterstützt* sie die weltliche Gerechtigkeit nur – ihr ist noch ein weiteres Feld geöffnet. Tausend Laster, die jene ungestraft duldet, straft sie; tausend Tugenden, wovon jene schweigt, werden von der Bühne empfohlen. Hier begleitet sie die Weisheit und die Religion. Aus dieser reinen Quelle schöpft sie ihre Lehren und Muster und kleidet die strenge Pflicht in ein reizendes, lockendes Gewand. Mit welch herrlichen Empfindungen, Entschlüssen, Leidenschaften schwellt sie unsere Seele, welche göttliche Ideale stellt sie uns zur Nacheiferung aus! [...]

Nicht bloß auf Menschen und Menschencharakter, auch auf Schicksale macht uns die Schaubühne aufmerksam und lehrt uns die große Kunst, sie zu ertragen. Im Gewebe unsers Lebens spielen *Zufall* und *Plan* eine gleich große Rolle: Den Letzteren lenken *wir,* dem Erstern müssen wir uns blind unterwerfen. Gewinn genug, wenn unausbleibliche Verhängnisse uns nicht ganz ohne Fassung finden, wenn unser Mut, unsre Klugheit sich einst schon in ähnlichen übten und unser Herz zu dem Schlag sich gehärtet hat. Die Schaubühne führt uns eine mannigfaltige Szene menschlicher Leiden vor. Sie zieht uns künstlich in fremde Bedrängnisse und belohnt uns das augenblickliche Leiden mit wolllüstigen Tränen und einem herrlichen Zuwachs an Mut und Erfahrung. [...]

Die Schaubühne ist die Stiftung, wo sich Vergnügen mit Unterricht, Ruhe mit Anstrengung, Kurzweil mit Bildung gattet, wo keine Kraft der Seele zum Nachteil der andern gespannt, kein Vergnügen auf Unkosten des Ganzen genossen wird. Wenn Gram an dem Herzen nagt, wenn trübe Laune unsre einsamen Stunden vergiftet, wenn uns Welt und Geschäfte anekeln, wenn tausend Lasten unsre Seelen drücken und unsre Reizbarkeit unter Arbeiten des Berufs zu ersticken droht, so empfängt uns die Bühne – in dieser künstlichen Welt träumen wir die wirkliche hinweg, wir werden uns selbst wiedergegeben, unsre Empfindung erwacht, heilsame Leidenschaften erschüttern unsre schlummernde Natur und treiben das Blut in frischeren Wallungen. Der Unglückliche weint hier mit fremdem Kummer seinen eigenen aus – der Glückliche wird nüchtern und der Sichere besorgt. Der empfindsame Weichling härtet sich zum Manne, der rohe Unmensch fängt hier zum ersten Mal zu empfinden an. Und dann endlich – welch ein Triumph für dich, Natur – so oft zu Boden getretene, so oft wieder auferstehende Natur – wenn Menschen aus allen Kreisen und Zonen und Ständen, abgeworfen jede Fessel der Künstelei und der Mode, herausgerissen aus jedem Drange des Schicksals, durch *eine* allwebende Sympathie verbrüdert, in *ein* Geschlecht wieder aufgelöst, ihrer selbst und der Welt vergessen und ihrem himmlischen Ursprung sich nähern. Jeder Einzelne genießt die Entzückungen aller, die verstärkt und verschönert aus hundert Augen auf ihn zurückfallen, und seine Brust gibt jetzt nur *einer* Empfindung Raum – es ist diese: ein *Mensch* zu sein.

Aus: Schiller, Friedrich: Was kann eine gute stehende Schaubühne eigentlich bewirken? In: Sämtliche Werke hg. von G. Fricke und H.G. Göpfert. München 1960, Bd. 5, S. 823–831

Bertolt Brecht: Was ist mit dem epischen Theater gewonnen? (1939)

Damit ist gewonnen, daß der Zuschauer die Menschen auf der Bühne nicht mehr als ganz unveränderbare, unbeeinflußbare, ihrem Schicksal hilflos ausgelieferte dargestellt sieht. Er sieht: dieser Mensch ist so und so, weil die Verhältnisse so und so sind. Und die Verhältnisse sind so und so, weil der Mensch so und so ist. Er ist aber nicht nur so vorstellbar, wie er ist, sondern auch anders, so wie er sein könnte, und auch die Verhältnisse sind anders vorstellbar, als sie sind. Damit ist gewonnen, daß der Zuschauer im Theater eine neue Haltung bekommt. Er bekommt den Abbildern der Menschenwelt auf der Bühne gegenüber jetzt dieselbe Haltung, die er als Mensch dieses Jahrhunderts der Natur gegenüber hat. Er wird auch im Theater empfangen als der große Änderer, der in die Naturprozesse und die gesellschaftlichen Prozesse einzugreifen vermag, der die Welt nicht mehr nur hinnimmt, sondern sie meistert.

Das Theater versucht nicht mehr, ihn besoffen zu machen, ihn mit Illusionen auszustatten, ihn die Welt vergessen zu machen, ihn mit seinem Schicksal auszusöhnen. Das Theater legt ihm nunmehr die Welt vor zum Zugriff.

Aus: Bertolt Brecht: Schriften zum Theater. © Suhrkamp Verlag Frankfurt 1957, S. 19f.

Friedrich Dürrenmatt: Tragödie und Komödie (1966)

Die Aufgabe der Kunst, soweit sie überhaupt eine Aufgabe haben kann, und somit die Aufgabe der heutigen Dramatik ist, Gestalt, Konkretes zu schaffen. Dies vermag vor allem die Komödie. Die Tragödie, als die gestrengste Kunstgattung, setzt eine gestaltete Welt voraus.

Die Komödie, sofern sie nicht Gesellschaftskomödie ist wie bei Molière, eine ungestaltete, im Werden, im Umsturz begriffene, eine Welt, die am Zusammenpacken ist wie die unsrige. Die Tragödie überwindet die Distanz. Die in grauer Vorzeit liegenden Mythen macht sie den Athenern zur Gegenwart. Die Komödie schafft Distanz, den Versuch der Athener, in Sizilien Fuß zu fassen, verwandelt sie in das Unternehmen der Vögel, ihr Reich zu errichten, vor dem Götter und Menschen kapitulieren müssen. [...]

Das Mittel nun, mit dem die Komödie Distanz schafft, ist der Einfall. Die Tragödie ist ohne Einfall. Darum gibt es auch wenige Tragödien, deren Stoff erfunden ist. Ich will damit nicht sagen, die Tragödienschreiber der Antike hätten keine Einfälle gehabt, wie dies heute etwa vorkommt, doch ihre unerhörte Kunst bestand darin, keine nötig zu haben. Das ist ein Unterschied. Aristophanes dagegen lebt vom Einfall. Seine Stoffe sind nicht Mythen, sondern erfundene Handlungen, die sich nicht in der Vergangenheit, sondern in der Gegenwart abspielen. Sie fallen in die Welt wie Geschosse, die, indem sie einen Trichter aufwerfen, die Gegenwart ins Komische, aber dadurch auch ins Sichtbare verwandeln. Das heißt nun nicht, daß ein heutiges Drama nur komisch sein könne. Die Tragödie und die Komödie sind Formbegriffe, dramaturgische Verhaltensweisen, fingierte Figuren der Ästhetik, die Gleiches zu umschreiben vermögen. Nur die Bedingungen sind anders, unter denen sie entstehen, und diese Bedingungen liegen nur zum kleineren Teil in der Kunst.

Die Tragödie setzt Schuld, Not, Maß, Übersicht, Verantwortung voraus. in der Wurstelei unseres Jahrhunderts, in diesem Kehraus der weißen Rasse, gibt es keine Schuldigen und auch keine Verantwortlichen mehr. Alle können nichts dafür und haben es nicht gewollt. Es geht wirklich ohne jeden. Alles wird mitgerissen und bleibt in irgendeinem Rechen hängen. Wir sind zu kollektiv schuldig, zu kollektiv gebettet in die Sünden unserer Väter und Vorväter. Wir sind nur noch Kindeskinder. Das ist unser Pech, nicht unsere Schuld: Schuld gibt es nur noch als persönliche Leistung, als religiöse Tat. Uns kommt nur noch die Komödie bei. Unsere Welt hat ebenso zur Groteske geführt wie zur Atombombe, wie ja die apokalyptischen Bilder des Hieronymus Bosch auch grotesk sind. Doch das Groteske ist nur ein sinnlicher Ausdruck, ein sinnliches Paradox, die Gestalt nämlich einer Ungestalt, das Gesicht einer gesichtslosen Welt, und genauso wie unser Denken ohne den Begriff des Paradoxen nicht mehr auszukommen scheint, so auch die Kunst, unsere Welt, die nur noch ist, weil die Atombombe existiert: aus Furcht vor ihr.

Doch ist das Tragische immer noch möglich, auch wenn die reine Tragödie nicht mehr möglich ist. Wir können das Tragische aus der Komödie heraus erzielen, hervorbringen als einen schrecklichen Moment, als einen sich öffnenden Abgrund; so sind ja schon viele Tragödien Shakespeares Komödien, aus denen heraus das Tragische aufsteigt.

Nun liegt der Schluß nahe, die Komödie sei der Ausdruck der Verzweiflung; doch ist dieser Schluß nicht zwingend. Gewiß, wer das Sinnlose, das Hoffnungslose dieser Welt sieht, kann verzweifeln; doch ist diese Verzweiflung nicht eine Folge dieser Welt, sondern eine Antwort, die er auf diese Welt gibt, und eine andere Antwort wäre sein Nichtverzweifeln, sein Entschluß etwa, die Welt zu bestehen, in der wir oft leben wie Gulliver unter den Riesen. Auch der nimmt Distanz, auch der tritt einen Schritt zurück, der seinen Gegner einschätzen will, der sich bereitmacht, mit ihm zu kämpfen oder ihm zu entgehen. Es ist immer noch möglich, den mutigen Menschen zu zeigen. [...]

Endlich: Durch den Einfall, durch die Komödie wird das anonyme Publikum als Publikum erst möglich, eine Wirklichkeit, mit der zu rechnen, aber die auch zu berechnen ist. Der Einfall verwandelt die Menge der Theaterbesucher besonders leicht in eine Masse, die nun angegriffen, verführt, überlistet werden kann, sich Dinge anzuhören, die sie sich sonst nicht so leicht anhören würde. Die Komödie ist eine Mausefalle, in die das Publikum immer wieder gerät und immer noch geraten wird. Die Tragödie dagegen setzt eine Gemeinschaft voraus, die heute nicht immer ohne Peinlichkeit als vorhanden fingiert werden kann. [...]

Aus: Friedrich Dürrenmatt: Theater. Essays, Gedichte, Reden. © 1986 Diogenes Verlag AG, Zürich

(Aus lizenzrechtlichen Gründen sind die Texte von Brecht und Dürrenmatt nicht in reformierter Schreibung abgedruckt.)

❒ *Vergleichen Sie die Theatertheorien von Schiller, Brecht und Dürrenmatt miteinander:*
- *Welche Weltsicht liegt ihnen zugrunde?*
- *Auf welche Weise wirkt das Theater auf den Zuschauer ein?*
- *Inwieweit besitzt das Theater eine gesellschaftskritische Funktion?*

❒ *Ordnen Sie die Ansichten von Dona Esmeralda und Henning Mankell in diese Theorien ein.*

Landesüberblick
MOSAMBIK

Mosambik: Geschichte

2. Jahrhundert
Bantu-Einwanderung erreicht Südmosambik.

8. Jahrhundert
Beginn arabischer Handelsniederlassung an der Küste.

16. Jahrhundert
Beginn der portugiesischen Kolonisation im Gefolge der Entdeckungsfahrten Vasco da Gamas.

1902
Verlegung der Hauptstadt von Ilha de Moçambique nach Lourenço Marques (seit 1975 Maputo)

1962
Gründung der Befreiungsorganisation „Frente da Libertação de Moçambique“ (FRELIMO);
I. Kongress in Tansania.

1964
Beginn des bewaffneten Befreiungskampfes.

1974
Nach der portugiesischen Revolution vom April 1974 Ende des Kolonialkrieges,
Abkommen von Lusaka,
Übergangsregierung unter Joaquim Chissano.

1974 – 1977
Abwanderung von rd. 250.000 in Mosambik lebenden Portugiesen.

1975
Unabhängigkeit, Gründung der Volksrepublik Mosambik. Erster Staatspräsident Samora Machel. FRELIMO etabliert sich als alleinige Partei.

1976
Aufnahme diplomatischer Beziehungen mit der Bundesrepublik Deutschland und Eröffnung einer Botschaft in Maputo (daneben bis 1990 auch Botschaft der DDR).

1976
Beginn des 16-jährigen Bürgerkriegs zwischen FRELIMO und RENAMO (Resistência Nacional de Moçambique), Letztere von Südafrika und Rhodesien unterstützt.

1977
III. Kongress der FRELIMO: Festlegung auf marxistisch-leninistische Prinzipien.

1986
Staatspräsident Machel kommt bei einem Flugzeugabsturz über Südafrika ums Leben, der bisherige Außenminister Joaquim Chissano wird FRELIMO-Vorsitzender und Staatspräsident.

1989
V. Parteikongress der FRELIMO: Abschaffung des Marxismus- Leninismus als Staatsideologie.

1990
Aufnahme von Friedensverhandlungen zwischen FRELIMO und RENAMO in Rom.

1990
Inkrafttreten einer neuen liberalen Verfassung.

1991
VI. Parteikongress der FRELIMO; Demokratisierung der Partei (erstmals geheime Wahlen zu Zentralkomitee und – neu geschaffenem – Politischem Ausschuss); „Demokratischer Sozialismus“ als neues Leitbild der Partei.

04.10.1992
Unterzeichnung des Friedensabkommens von Rom durch Präsident Chissano und RENAMO-Chef Dhlakama;
Wichtigste Punkte: Demobilisierung von Armee und RENAMO, Aufstellung gemeinsamer Streitkräfte, anschließend Wahlen, Einsetzung einer Überwachungs- und Kontrollkommission der Vereinten Nationen.

Dezember 1992
Sicherheitsrat der Vereinten Nationen billigt Mission in Mosambik: ONUMOZ.

27. – 29.10.1994
Erste Präsidentschafts- und Parlamentswahlen unter Aufsicht der Vereinten Nationen, Teilnahme von 200 Wahlbeobachtern der Europäischen Union;
Wahlergebnisse: Chissano wird mit 53,3 % im Amt des Staatspräsidenten bestätigt, Gegenkandidat Dhlakama erhält 33,73 %.
In das Parlament ziehen FRELIMO (44,33), RENAMO (37,78 %) und die Listenverbindung União Democrática (5,15 %) ein. Alle anderen Parteien scheitern an der 5 %-Hürde.

09.12.1994
Amtseinführung Präsident Chissanos, Ende des ONUMOZ-Mandats.

30.06.1998
Erste Kommunalwahlen (nur in 33 größeren Ortschaften), an denen sich die Oppositionspartei RENAMO nicht beteiligt.

03. – 05.12.1999
Zweite Präsidentschafts- und Parlamentswahlen:
Wiederwahl Chissanos zum Staatspräsidenten (52,3 % der Stimmen gegenüber 47,7 % für Dhlakama);
bei den Parlamentswahlen erhält FRELIMO 48,5 % und das Wahlbündnis RENAMO/União Eleitoral

38,8 % der Stimmen. Alle anderen Parteien scheitern erneut an der 5 %-Hürde. RENAMO wirft Regierung Wahlbetrug vor und erkennt Wahlergebnisse erst nach langem Zögern an.

Februar/März 2000
Jahrhundertflut. Weite Teile im Süden des Landes stehen unter Wasser. Eine internationale Hilfskampagne unter starker deutscher Beteiligung setzt ein.

10. – 12.08.2003
Das zweite Gipfeltreffen der Afrikanischen Union findet in Maputo statt. Präsident Chissano übernimmt für ein Jahr den Vorsitz der Organisation.

19.11.2003
Zweite Kommunalwahlen (wieder in 33 Munizipien), aus denen FRELIMO als Sieger hervorgeht. RENAMO siegt in fünf Städten, darunter in der zweitgrößten Stadt des Landes, Beira. Seitdem wird Mosambik nicht mehr ausschließlich von einer Partei regiert.

Quelle: www.auswaertiges-amt.de; Stand Juli 2004

Straßenkinder: Daten, Fakten, Hintergründe

Nach Schätzungen der Weltgesundheitsorganisation WHO leben weltweit rund 33 Millionen Kinder auf der Straße. Sie leben von der Hand in den Mund, halten sich mit legalen und illegalen Tätigkeiten über Wasser. Um sich im Umfeld „Straße" behaupten zu können, übernehmen die Kinder oft auch die Verhaltensweisen von Erwachsenen aus dem Straßenmilieu: Sie „organisieren" Geld durch gewaltsamen Diebstahl, Prostitution und Drogenhandel. Straßenkinder sind dadurch extremen Risiken ausgesetzt, viele von ihnen sind selbst drogenabhängig. [...]

Die wenigsten Straßenkinder sind tatsächlich „verlassene" Kinder. Ihre Eltern sind gestorben, in Kriegswirren verschollen oder waren nicht mehr in der Lage, für die Kinder zu sorgen und haben sie deshalb ausgesetzt. Häufiger jedoch sind es die Kinder selbst, die den Kontakt zu den Familien abgebrochen haben, meist in Reaktion auf Gewalt und Missbrauch. [...]

Auf der Straße zu leben bedeutet ständig unter Spannung zu stehen. Die Kinder haben keinen Rückzug, keinen geschützten Raum. Sie sind Gewalt, Drogen und Kriminalität ausgesetzt. Von der Gesellschaft werden sie diskriminiert und ausgegrenzt: Kaum ein Straßenkind geht in die Schule oder wird regelmäßig medizinisch versorgt, es fehlt an Essen und sauberem Wasser. [...]

Verlässliche Angaben über die Anzahl der Straßenkinder weltweit gibt es nicht. Eine Größenordnung des Phänomens gibt jedoch die Schätzung von UNICEF, die von über 33 Millionen Straßenkindern weltweit ausgeht. Die schwierige Datenlage erklärt sich unter anderem dadurch, dass nur wenige Straßenkinder eine Geburtsurkunde haben. [...]

Straßenkinder sind in der Regel Stadtkinder. Sie sind in den sich industrialisierenden Schwellenländern und in den Ballungsräumen weitaus häufiger anzutreffen als in ländlichen Regionen. [...]

Die traditionellen dörflichen Gemeinschaftsstrukturen, in denen die Menschen aufgefangen wurden, zerfallen. Der Trend verstärkt sich durch die gewaltsamen Auseinandersetzungen und Bürgerkriege.

Straßenkinder sind Überlebende eines Krieges, der mit Kugeln, vor allem aber mit Hunger, Vertreibung und Perspektivlosigkeit tötet. Straßenkinder sind aggressiv und missachten die Gesetze der Normalität. Aber sie sind auch Menschen mit überraschenden Formen von Solidarität und Fantasie. [...] Ihr Zuhause besteht aus Pappe oder alten Decken, bewegt sich zwischen Müll und Absteige und ist geprägt von Armut und Gewalt, Drogen und Kriminalität.

Normalerweise durchläuft ein Kind unterschiedliche Stationen der Sozialisation: Familie, Kindergarten/ Schule, Freundeskreis, Berufsausbildung, Berufsleben. Bei Straßenkindern reduzieren sich diese Stationen auf gescheiterte Erfahrungen in der Familie. Die Straße wird zum alleinigen Ort für Sozialisation. Ihnen bleibt nur die Solidarität mit anderen Straßenkindern. Die Gruppe dient als Familienersatz und hat zudem die Funktion einer Schutz- und Sicherheitsinstanz, zum Beispiel vor Jugendbanden, Polizeikontrollen und Todesschwadronen.

http://www.tdh.de/content/themen/schwerpunkte/strassenkinder/daten.htm

❒ *Beschreiben Sie die Lebensbedingungen der Straßenkinder. Legen Sie dar, welche Umstände die Kinder in ihre Situation geführt haben und welche Folgen sich für ihr Leben ergeben.*

Fünfundzwanzigste, Ecke Machel
Kanimambo, ein Zentrum für Straßenkinder in Mosambik

Bei diesem Text handelt es sich um einen Tatsachenbericht aus der Sicht des ehemaligen Straßenkindes Joaquim, das durch ein Kinderhilfswerk sein Leben auf der Straße verlassen konnte:

Joaquims Zuhause war die Straße des 25. September, Ecke Avenida Samora Machel. Drei Jahre lang lebte er hier im Zentrum Maputos. Ungefähr zehn, zwölf Jungen waren in seiner Gruppe, im Alter zwischen acht und achtzehn Jahren. Sie lebten davon, Autoscheiben zu putzen, Parkplätze zu bewachen, zu betteln. Ihr Schlafplatz war nur ein paar Meter von der Kreuzung entfernt, auf dem Gehweg neben dem Café Continental.

Seine Freunde leben dort noch immer. Man sieht sie in wildem Tempo quer über die Kreuzung flitzen, barfuß zwischen den fahrenden Autos, in der Hand den dreckigen Lappen für die Windschutzscheiben. Zwei- bis dreitausend criancas da rua – Kinder der Straße – leben in Mosambiks Hauptstadt Maputo. Joaquim ist nicht mehr dabei. „Ich hatte genug davon", sagt er. Zwölf Jahre ist er alt, ein kleiner, schmächtiger Junge mit ernsten und aufmerksamen Augen. „Ich wollte zur Schule gehen." Inzwischen geht er zur Schule, bei „Kanimambo", einem Zentrum für Straßenkinder am Stadtrand von Maputo. Zusammen mit 200 anderen Jungen kommt er jeden Tag zum Unterricht; dann gibt es Essen und am Nachmittag Handwerkskurse. Das Kinderhilfswerk terre des hommes finanziert das Zentrum.

Die Sozialarbeiter von Kanimambo versuchen, die Kinder wieder mit ihren Familien zusammenzubringen. Auch Joaquim lebt wieder bei seiner Mutter und seinen Geschwistern. Es ist eine der zahllosen Familien in Mosambik, die durch den Krieg zerrissen und entwurzelt wurden. Sie lebten als Kleinbauern in der Provinz Manica. Als Joaquims Vater bei einem Angriff auf das Dorf getötet wurde, flüchtete die Mutter mit den Kindern in die Hauptstadt. Sie kämpfte mit Gelegenheitsjobs um den Lebensunterhalt, Joaquim trieb sich im Zentrum herum. Müllsammeln, Betteln, Windschutzscheiben putzen; immer seltener kam er zurück in die Bretterhütte im Vorort Xipamanine.

„Eine Zeit lang gefiel mir das", erzählt er. „Ich war mit meinen Freunden zusammen und konnte machen, was ich wollte. Meistens hatten wir auch genug Geld." Aber das Leben auf der Straße wurde immer rauer, ständig gab es Schlägereien mit anderen Gruppen. „Heute haben alle Jungen ein Messer", sagt Joaquim. „Ich habe Angst vor Messern."

Ein Streetworker erzählte ihm von Kanimambo. Seit einem halben Jahr ist Joaquim dort. Das Zentrum ist ein heller, achteckiger Bau in freundlichen Farben, mit einem Innenhof zum Spielen und Arbeiten, mit Schulräumen und Werkstätten. Vieles ist noch provisorisch: Im Unterricht und beim Essen müssen die Kinder auf dem Boden sitzen, weil die Möbel fehlen, und als Küche dient ein wackliger Holzkohlegrill. Doch man spürt, dass sich die Jungen hier wohl fühlen.

Vor kurzem ist Joaquim mal wieder an seiner Kreuzung gewesen. „Ich hab ein paar von meinen Freunden getroffen, aber die sagten, ich wäre jetzt anders, weil ich zur Schule gehe. Da habe ich gewusst, dass ich dort nicht mehr hingehöre."

http://www.tdh.de/content/themen/schwerpunkte/strassenkinder/projekte/mosambik.htm

❒ *Vergleichen Sie die Erfahrungen von Joaquim mit der Haltung, welche die Straßenkinder im Roman „Der Chronist der Winde" zu den Projekten der Entwicklungshilfe einnehmen.*

Slum in Nairobi

Foto: G. und R. Riepe

Frauen bei der Maisernte

Foto: G. und R. Riepe

Händler mit Materialien für traditionelle Medizin

Foto: G. und R. Riepe

Seelenkrüge

Foto: G. und R. Riepe

„Ein Fuß im Schnee und einer im Sand“

Vortrag des Bestseller-Autors Henning Mankell (Übersetzung: Eva Sternberg)

Meine sehr verehrten Damen und Herren, wie das in Schweden (und in Afrika) so üblich ist, möchte ich mit einer Geschichte beginnen.

Wir denken gemeinhin, und zu Recht, dass es vier Möglichkeiten gibt, mit anderen Menschen oder mit uns selbst Kontakt aufzunehmen oder aber uns neues Wissen anzueignen: reden, zuhören, schreiben und lesen. Doch es gibt gewisse Situationen, in denen das nicht stimmt, in denen weder die gesprochene noch die geschriebene Sprache entscheidend ist und andere Kommunikationsformen größere Bedeutung haben.

Ich möchte Sie einladen, mit mir eine Reise zu unternehmen. Die billigsten und schnellsten Reisen macht man in seiner Fantasie. Weder Pass noch Fahrkarten noch Geld sind hier notwendig.
Begeben wir uns also auf eine Reise, und zwar zuerst nach Norden. Machen wir Halt in einem unbedeutenden nordschwedischen Dorf namens Sveg. Dort bin ich groß geworden. Damals, in den fünfziger Jahren, lag Sveg völlig abseits, entfernt von allem. Wenn versehentlich mal ein Stockholmer Auto dort auftauchte, dann war das geradezu eine Sensation. Dort, am nördlichen Ufer des Flusses Ljusnan, bin ich also aufgewachsen. Und ich weiß heute noch ganz genau, dass ich im Alter von sechs bis sieben Jahren in diesem Fluss Krokodile gesehen habe. Für andere waren es sicher Baumstämme auf ihrer langen Fahrt zum Meer. Aber für mich blieben es Krokodile. Das verriet ich jedoch wohlweißlich niemandem. Es war eben mein Geheimnis. Der Fluss Ljusnan war also der Kongo, der durch meine Kindheit floss. Wie alle Kinder las auch ich die Erzählungen der großen Forschungsreisenden Mungo Park, Stanley, Livingstone, Burton, Darwin. Ich glaube, ich habe sehr früh im Leben erkannt, was für ein außerordentlich sinnlicher Genuss das Reisen, das Aufbrechen ist. Ich empfinde es heute noch als einen fast erotischen Genuss, meine Koffer zu packen und loszuziehen. Im Grunde hat meine Reise nach Afrika mit den Krokodilen begonnen.

Lassen Sie mich in diesem Zusammenhang noch etwas anderes erwähnen: Ich glaube, Kinder sind die eigentlichen Künstler. In der Kindheit haben Fantasie und Wirklichkeit denselben Stellenwert. Dieses Gleichgewicht beginnt dann, sich zu verschieben, zunächst, wenn wir in die Schule kommen, und dann immer mehr im Laufe des Lebens. Wenn man sich also irgendwie künstlerisch betätigen will, heißt das, sich sein Leben lang zu bemühen, etwas von jenem Gleichgewicht aus Fantasie und Wirklichkeit zurückzuerobern, das man als Kind besessen hat. Es hat schließlich doch zwanzig .Jahre gedauert, bis ich das erste Mal nach Afrika kam.

Man kann tatsächlich nach Hause kommen an einen Ort, an dem man noch nie war.

Ich erinnere mich noch heute an jenen Morgen Anfang der siebziger Jahre, an dem ich in aller Herrgottsfrühe in einem westafrikanischen Land aus dem Flugzeug stieg. Sofort überfielen mich diese Düfte, die Afrika ausmachen. Verlockende, beängstigende, bittere, süße, verführerische, magische, träumerische Düfte. Ich fühlte mich sofort zu Hause, was eigentlich völlig unerklärlich ist, denn in meiner Familie gibt es weder Missionare noch andere Geistliche. Aber ich glaube, in diesem Augenblick wurde mir etwas klar, das ich bis dahin nicht begriffen hatte und das zu den größten Geheimnissen des Lebens gehört. Man kann tatsächlich nach Hause kommen an einen Ort, an dem man noch nie war. Das war für mich das Ende dieser kindlichen Sehnsucht nach der Ferne, nach dem Aufbruch, nach dem „Land am Ende der Welt“.

Seitdem hat sich natürlich meine Beziehung zu Afrika verändert und vertieft und ist zu einem entscheidenden Teil meiner Identität als Schriftsteller geworden. Nun stehe ich sozusagen ziemlich breitbeinig da, mit dem einen Fuß im Schnee und dem anderen im Sand. Wenn man versuchen will, Einfluss zu nehmen auf die heutige Zeit, dann ist, so glaube ich wenigstens, eine gewisse doppelte Optik notwendig. Es ist, als hätte ich jetzt einen Beobachtungsturm in Europa und einen in Afrika. Dadurch erfasse ich die Welt deutlicher.

Natürlich bilde ich mir keineswegs ein, ich sei auf dem Weg, mich in einen Afrikaner zu verwandeln. Aber Afrika macht mich zu einem besseren Europäer, und das ist etwas ganz anderes. Doch unsere Reise geht weiter. Machen wir unsere nächste Pause auf einem kleinen Friedhof in Südschweden. Wer sich dort umschaut, findet in einer Ecke des Friedhofs ein einfaches Kreuz über einem Grab. Auf einem kleinen Messingschild ist folgende erstaunliche Inschrift zu lesen: „Hier ruht Josef, geboren in der Kalahariwüste 1868, gestorben in Lunnarp, Schweden 1880.“ Man stutzt. Was ist das eigentlich für eine Geschichte, die hier begraben liegt? Wer war wohl dieser Josef? Wie kommt es, dass ein kleiner Buschmannjunge auf einem ländlichen Friedhof in Schweden begraben wurde? Ich habe einige Nachforschungen angestellt und die Konturen einer sowohl tragischen als auch traurigen Geschichte zutage gefördert. Aber irgendwie passt sie in die heutige Zeit. Ich will sie kurz erzählen.

Nun stehe ich sozusagen ziemlich breitbeinig da, mit dem einen Fuß im Schnee und dem anderen im Sand.

Um 1855 herum begab sich ein schwedischer Entomologe in den Teil des südlichen Afrika, der heute Botswana und Namibia umfasst. Ich glaube, er war weder gut noch böse. Er hatte keine kolonialen Bestrebungen. Er fuhr einfach los, um bislang unbekannte Insekten zu erforschen und vielleicht einige neue zu entdecken. Auf seinen Fahrten traf er einen schwedischen Großwildjäger namens Andersson, der sich in der gleichen Gegend aufhielt.

In der Handelsstation jenes Andersson fand der Entomologe einen kleinen, verlausten, mageren Jungen, der in einer Art Pappschachtel hauste. Andersson erklärte, er habe den Jungen gegen ein Gewehr getauscht. Der Junge war Waise, und niemand kümmerte sich um ihn. Der Entomologe hatte ein gutes Herz und beschloss, ihn zu adoptieren und ihn nach Schweden mitzunehmen. In den Tagebuchaufzeichnungen, die ich gefunden habe, erzählt er rührend, wie er während der langen Seefahrt von Kapstadt aus Seemannsanzüge für Josef nähte. 1875 kamen sie in Schweden an. Aus alten Zeitungsausschnitten jener Zeit habe ich von Vorträgen erfahren, die der Entomologe hier und da in Schweden gehalten hat. Nur wenig war hier von ihm die Rede, dafür um so mehr von dem kleinen „Hottentottenknaben", der mit ihm durch die Lande zog. Einige Jahre später fuhr der Entomologe wieder nach Afrika zurück. Doch Josef sollte in Schweden bleiben. Er kam bei einem Kätner in Lunnarp, einem Ort in der südlichsten Ecke Schwedens, unter. Dort sollte er in die Schule gehen, bei einem protestantischen Pfarrer Unterricht nehmen und in Holzpantoffeln laufen lernen. Einige Jahre später starb Josef im Alter von nur zwölf Jahren. Auf dem Totenschein ist als Todesursache Tuberkulose angegeben. Es gibt keinen Grund, das anzuzweifeln.

Aber ich bin davon überzeugt, dass er auch an etwas ganz anderem gestorben ist, an etwas, das sich nicht in Worte fassen oder auf einem Totenschein angeben lässt. Es war wohl die Traurigkeit; er hat sich zu Tode getrauert. Ich kann ihn vor mir sehen, mutterseelenallein auf den lehmigen Äckern in Schonen, im Nebel. Wie er dasteht und horcht nach den Trommeln in der Ferne. Seine Ohren hören nichts als das Rascheln der Blätter in den Baumkronen und das Gekrächze der Krähen. Wahrscheinlich hat er sich gefragt, wo der warme Sand geblieben ist. Weshalb man so bleischwere Schuhe tragen muss, dass einem die Lust am Laufen vergeht. Wo die Geister seiner Vorfahren geblieben sind. Und seine Eltern. Und sein ganzes Leben. Für mich liegt hier der tiefere Sinn von Josefs Geschichte.

Es ist, als stünde er auf der anderen Seite des Lebensflusses, winkte uns zu und erinnerte uns daran, dass der gute Wille allein nicht ausreicht, um einem anderen Menschen zu helfen oder ihn zu stützen. Guter Wille muss von Vernunft begleitet sein. Sonst führt er eher zu negativen als zu positiven Ergebnissen. Diese Geschichte erzähle ich oft angehenden Entwicklungshelfern. Und meine Schlussfolgerung ist immer dieselbe. Vernünftig handeln heißt, die Leute zu fragen, denen man beistehen möchte. Vielleicht sollte man sogar gerade denen zuhören, auf die man laut gewisser Ratgeber überhaupt nicht hören sollte. Genau das ist der Sinn von Josefs Geschichte. Über ihn werde ich im Übrigen irgendwann ein Buch schreiben.

Guter Wille muss von Vernunft begleitet sein. Sonst führt er eher zu negativen als zu positiven Ergebnissen.

Zwischen Josef und der Frage der Bosheit besteht kein augenfälliger Zusammenhang. Ich möchte trotzdem einige Worte dazu sagen. In Schweden ist im Moment ein Thema aktuell, das mich erschreckt und wütend macht. Es geht um die Bosheit. In den Schlagzeilen ist oft von „sinnloser Gewalt" die Rede. Dabei stellt sich sofort die Frage: Wie sieht denn wohl sinnvolle Gewalt aus. Dass wir in einer Welt und einer Zeit leben, in der immer öfter Gewalt ausgeübt wird, ist offensichtlich. Es gibt Jugendliche, die einander grundlos foltern und ermorden. Doch ab und zu werden Stimmen laut, die im Ernst behaupten, Bosheit sei bei manchen Menschen angeboren. Es gebe sie von Geburt an, und sie liege in den Genen. Das hieße, Bosheit hätte den gleichen Ursprung wie Sommersprossen. Oder Kahlköpfigkeit. Und das macht mir Angst. Gewinnt diese Auffassung die Oberhand, dann werden sicher über kurz oder lang Forderungen laut, Waffen sollten im nächsten Lebensmittelladen zu kaufen sein. Dann gehen wir wahrlich dunklen Zeiten entgegen. Der Krieg aller gegen alle. Männer, die sich im Schutze der Dunkelheit aufmachen, um Jagd auf böse Menschen zu machen.

Das heißt auch, dass der rationale Humanismus, das rationale Menschenbild, demzufolge es keine in genetischer Hinsicht bösen Menschen gibt, auf verlorenem Posten ist. Bosheit ist nicht mit Sommersprossen oder Kahlköpfigkeit zu vergleichen. Es ist eine Frage der äußeren Umstände, die dazu führen, dass Menschen böse Taten begehen. Und diese Umstände müssen wir bearbeiten und bekämpfen.

Das hieße, Bosheit hätte den gleichen Ursprung wie Sommersprossen. Oder Kahlköpfigkeit. Und das macht mir Angst.

Ich spreche und schreibe oft über dieses Thema. Darüber, dass wir in einer Zeit leben, in der sehr viele Menschen an den Rand der Gesellschaft gedrängt werden und eine Randgruppenexistenz führen müssen. Es gibt junge Menschen, die nicht damit rechnen können, jemals in ihrem Leben Arbeit zu finden. Menschen, die sich in ihrem eigenen Land überflüssig und unwillkommen fühlen. Das sind die Umstände. Und Menschen, die sich ausgestoßen fühlen, reagieren eben. Vielleicht sogar mit Gewalt. Die Wurzeln der Bosheit liegen in den äußeren Umständen. Nicht in unseren Genen. Dass das Menschenbild die Burg in mehrere Lager spaltet, geschieht nicht zum ersten Mal in der Geschichte. Doch nach wie vor ist es von größter Bedeutung, gegen die Leute einzutreten, die Mythen und Wahnvorstellungen verbreiten wollen, zum Beispiel die, dass der Teufel gelegentlich bei der Zeugung eines Kindes mitmischt.

Das gibt mir das Stichwort zu einer Reihe von Büchern, die ich in den neunziger Jahren geschrieben habe. In diesen Büchern spielt ein ganz unauffälliger schwedischer Kriminalkommissar die Hauptrolle. Er heißt Kurt Wallander und wohnt in der kleinen südschwedischen Stadt Ystad. Als ich zum ersten Mal über ihn und seine Kollegen schrieb, konnte ich mir überhaupt nicht vorstellen, dass sich so viele Menschen dafür interessieren würden. Ich hätte mir nie träumen lassen, dass diese Bücher in einer Gesamtauflage von über drei Millionen Exemplaren erscheinen und in fünfzehn verschiedene Sprachen übersetzt würden, darunter Deutsch und Französisch. Am Anfang hatte ich nur vor, ein Buch zu schreiben. 1989 kehrte ich für ein Jahr nach Schweden zurück. Schnell wurde mir klar, dass Fremdenfeindlichkeit dort zu einer entscheidenden gesellschaftlichen Frage geworden war. Etwa so, als läge eine Bombe vor den Füßen jedes einzelnen Schweden, und er verschlösse dennoch die Augen.

Daraufhin habe ich mich entschlossen, ein Buch über Rassismus zu schreiben. Da Rassismus für mich kriminell ist, schien es mir ganz natürlich, eine Kriminalintrige zu verwenden. So weit, so gut.

Jetzt fehlte mir natürlich noch ein Polizist. So entstand Kurt Wallander. Es liegt mir sehr daran, zu betonen, dass Wallander aus meinem Bedürfnis heraus geboren wurde, über Rassismus zu schreiben. Einen anderen Grund gab es nicht. Nachdem das erste Buch von der Leserschaft so positiv aufgenommen worden war, begriff ich, dass ich mir mit diesem Kriminalkommissar ein Werkzeug geschaffen hatte. Ich entschloss mich, weitere Geschichten über ihn zu schreiben.

Ausgangspunkt sollte sein, die Entwicklung der schwedischen und vielleicht auch der europäischen Gesellschaft unter die Lupe zu nehmen. Ihr Zustand sollte sich in verschiedenen Verbrechen widerspiegeln. Ich wollte versuchen, die in den Tiefen des schwedischen Rechtsstaates schwelenden Krankheiten offen zu legen. Ich wollte zeigen, wie es im morschen Unterbau des Rechtsstaates nur so knarzt. Mir lag daran, eine ganz einfache Wahrheit festzustellen.

Wenn der Rechtsstaat nicht funktioniert, dann ist die gesamte Demokratie bedroht. Denn ohne glaubwürdigen Rechtsstaat kann Demokratie einfach nicht funktionieren. Insgesamt gibt es acht Wallanderromane. Ich möchte nicht Gefahr laufen, der Fließbandarbeit bezichtigt zu werden und das Schreiben zur Routine werden zu lassen. Das würde einer nicht-literarischen Tätigkeit gleichkommen. Damit würde ich weder den Lesern noch mir einen Gefallen tun. Und heutzutage, wo fast alles angeblich „in Bewegung“ ist, scheint es mir wichtig, die große Kunst des Innehaltens nicht zu vergessen. Ich habe natürlich oft darüber nachgedacht, warum Kurt Wallander so beliebt ist. Ich wage zu behaupten, dass es am Inhalt der Bücher liegt. Sie behandeln etwas, das viele Menschen angeht. Aber ich glaube, es hat auch damit zu tun, dass Wallander selbst sich in ständigem Wandel befindet. Wie Sie und ich. Die literarische Glaubwürdigkeit liegt darin, dass man die Widersprüchlichkeit eines Menschen wiedergibt. Mir persönlich sind Bücher zuwider, wo ich nach ein paar Seiten alles über eine Gestalt weiß und die dann keine Veränderungen mehr durchläuft.
Kurt Wallander dagegen ist im siebten Buch ganz anders als im ersten. Das macht ihn glaubwürdig, denn insofern ähnelt er uns.

Ich habe natürlich oft darüber nachgedacht, warum Kurt Wallander so beliebt ist.

Die letzte Geschichte, die ich Ihnen heute erzählen möchte, kommt aus Mosambik, aus dem nördlichen Teil des Landes. Wie Sie alle wissen, gab es dort dreißig Jahre lang fast ununterbrochen Krieg. Mit dem Befreiungskrieg gegen die Portugiesen 1964 fing es an. Dann folgte ein Bürgerkrieg. 1992 kam endlich der Frieden. Gegen Ende der achtziger Jahre befand sich das Land in einer äußerst prekären Lage. Millionen von Menschen waren auf der Flucht, eine Million war gestorben, es gab Hunger und Elend. Ich bin damals in den Norden des Landes gereist.

Eines Tages war ich zu Fuß auf dem Weg zu einem Dorf. Mir entgegen kam ein Mann, mager, vielleicht auch hungrig. Seine Kleider hingen in Fetzen. Dann sah ich seine Füße. Was ich erblickte, werde ich mein Lebtag nicht vergessen: Ich habe es beim Schreiben stets vor Augen. Er hatte Schuhe auf seine Füße gemalt. Mit Erdfarben. Das war die letzte Möglichkeit für ihn, seine Würde zu bewahren. Dieser Wunsch war stärker gewesen als das Elend, das ihn seiner Würde zu berauben drohte. Ich glaube, in meinen Büchern geht es um diesen Mann. Um Menschen, die sich nie unterkriegen lassen, egal wie schlecht es gerade aussieht.

Und beim Schreiben habe ich immer folgenden Leitgedanken: Eines Tages können wir alle in eine Situation geraten, in der wir darauf gefasst sein müssen, Schuhe auf unsere Füße zu malen. Und dann müssen wir sicher sein, dass wir dazu auch fähig sind.

In meinen Büchern geht es um Menschen, die sich nie unterkriegen lassen, egal wie schlecht es gerade aussieht.

Es gibt ein afrikanisches Sprichwort, das lautet: „Der Mensch hat zwei Ohren, aber nur eine Zunge.“ Damit wir mehr zuhören und weniger reden. Und deshalb höre ich jetzt auf.

Quelle: www.schwedenkrimi.de/mankell_vortrag.htm (2004)

Auszug aus: Ich sterbe, aber die Erinnerung lebt

*Im Frühjahr 2003 war Henning Mankell für einige Wochen in Uganda, um mit Aidskranken und deren Angehörigen zu sprechen, die am so genannten Memory-Book-Projekt des Kinderhilfswerks Plan-International beteiligt sind. **„Ich sterbe, aber die Erinnerung lebt“** ist eine sehr persönliche Erzählung über diese Begegnung. Im Mittelpunkt steht das 13-jährige Mädchen Aida, dessen Mutter an Aids stirbt. Wie auch vielen anderen Kindern wurde ihr so die Verantwortung für die Geschwister aufgebürdet.*
Besonders faszinierte Mankell ein Projekt, bei dem Entwicklungshelfer aidskranke Eltern dabei unterstützen, Erinnerungsbücher für die Kinder zu verfassen. In ihnen halten sie die wichtigsten Ereignisse ihres Lebens fest. Diese Erinnerungsbücher, die bald eine Bibliothek füllen könnten, bezeichnet Mankell als „die vielleicht wichtigsten Dokumente aus unserer Zeit“ und lösten in ihm eigene Erinnerungen aus. So erzählt der Autor unter anderem, wie er selbst zum ersten Mal mit Aidskranken in Berührung kam, spricht über seine persönlichen Ängste und sein Verhältnis zum Tod.

In dem Theater in Maputo, an dem ich arbeite, inszenierten wir Anfang der neunziger Jahre *Bezahlt wird nicht,* ein Stück von Dario Fo, das bereits rund um die Welt mit Erfolg gespielt worden war. Im Stück kommt ein Sarg vor, der dazu dient, einige Mehlsäcke an einer Anzahl von wachsamen Polizisten vorbeizuschmuggeln. Der alte Schreiner Mestre Alfonse zimmerte die Kiste aus dünnem Sperrholz. Gott weiß, wo er dieses relativ rare, aber sehr brauchbare Material herhatte. Wir spielten eine ganze Reihe von Vorstellungen und dann motteten wir die Produktion ein, da wir damit rechneten, sie später wieder ins Repertoire aufzunehmen.

So geschah es auch. Zwei Jahre nach der Premiere entschied Manuela Soeiro, die Intendantin, dass das Fo-Stück ruhig noch ein, zwei Monate lang wieder gespielt werden könnte. Sie sprach mit mir, und wir legten die Wiederaufnahmeproben fest sowie die Umbesetzung, da eine der mitwirkenden Schauspielerinnen in einem zu fortgeschrittenen Stadium schwanger war, um noch auf der Bühne zu stehen.

Am Tag, bevor wir die Szene probieren wollten, in der der Sarg vorkommt, bat mich Alfredo, der Bühnenmeister des Theaters, um eine Unterredung. Er war sehr bekümmert: er starrte auf seine Füße. Ich konnte kaum verstehen, was er murmelte. Aber schließlich hörte ich es doch.

„Der Sarg ist verschwunden.“
„Verschwunden?“
„Er ist verschwunden.“
„Wie ist das möglich? Es stand doch von vornherein fest, dass diese Vorstellung wieder aufgenommen werden sollte.“
„Alfredo stammelte und murmelte vor sich hin. Ich wurde allmählich ungeduldig.“
„Dieser Sarg kann doch verdammt noch mal nicht einfach verschwinden?“
„Er ist gebraucht worden.“
„Gebraucht? Wie denn? Wofür?“
„Für eine Beerdigung.“

Lange starrte ich Alfredo an. Dann setzten wir uns in die erste Reihe im Zuschauerraum. Ich bat ihn zu erzählen. Ein Mädchen, das sich mitunter in der Nähe des Theaters aufhielt, ein Mädchen von etwa 17 Jahren, das hauptsächlich herumging und um Essen bettelte, war gestorben. Es war Aids gewesen, das wusste Alfredo ganz sicher. Zugleich beteuerte er, auch wenn das Mädchen vermutlich eine Prostituierte war, so hätte doch keiner der Bühnenarbeiter in dieser Weise mit ihr zu tun gehabt.

Aber da war die Sache mit der Beerdigung. Das Mädchen hatte keine Angehörigen. Also würde sie in eins der Armengräber der Stadt geworfen werden, die einmal in der Woche mit toten Körpern gefüllt wurden. Da war den Technikern des Theaters der Sarg eingefallen, der in dem Dario-Fo-Stück verwendet worden war. Auch wenn er nur ein Requisit war, eine billige Sperrholzkiste, war er doch besser als nichts. Also holte man den Sarg aus dem Lager, und das Mädchen

wurde auf würdige Weise beerdigt, obwohl ihr Sarg nur ein Bühnenrequisit aus einem Stück war, das ein italienischer Farcenmeister verfasst hatte.

Nachdem Alfredo verstummt war, saßen wir lange da, ohne etwas zu sagen. Mir war übel. Es war, als hätte die Wirklichkeit ihre schwere, zur Faust geballte Hand auf das Theater niedergehen lassen.

Doch die Übelkeit verging. Ich sagte zu Alfredo, dass ich fände, sie hätten es ganz richtig gemacht. Bestimmt ließe sich irgendwie ein neuer Sarg zusammenschreinern.

„Maestre Alfonse sagt, dass er kein Sperrholz mehr hat."
„Dann muss er ein anderes Material verwenden."
„Er hat nur Bretter."
„Dann muss er die nehmen."
„Die Bretter sind dick. Sie werden den Sarg sehr schwer machen."

Daran werden sich die Schauspieler, die den Sarg tragen, eben gewöhnen müssen.

Ungefähr ein Jahr danach nahmen Alfredo und ich an einer Beerdigung auf dem großen Friedhof außerhalb von Maputo teil, der an der Straße nach Xai-Xai liegt. Hinterher, als wir auf dem Weg zum Ausgang waren, deutet Alfredo auf eine Ecke des Friedhofs. Dort lagen Grabhügel ohne Kreuz.

Ich verstand ihn, ohne dass er noch mehr dazu sagte.

Dort lag sie, in dem Requisitensarg aus Sperrholz aus unserer Inszenierung.

Mir kam der Gedanke, dass ich an Dario Fo schreiben und ihm diese Geschichte erzählen sollte. Ich bin mir sicher, sie hätte ihm gefallen. Bestimmt hätte sie ihn berührt.

Aus: Henning Mankell: Ich sterbe, aber die Erinnerung lebt. Aus dem Schwedischen von Verena Reichel.

- ❐ *Der Text zeigt, wie untrennbar das Theater und die gesellschaftlichen Umstände miteinander verknüpft sind. Diskutieren Sie, welche Konsequenzen dies für die Funktion und Wirkungsabsicht des Theaters in Maputo haben kann.*
- ❐ *Erörtern sie, welche Bedeutung die „Erinnerungsbücher" für die Kranken und für ihre Kinder haben. Vergleichen Sie sie mit der Bedeutung des Erzählens im Roman „Der Chronist der Winde".*